天下：
孟子五讲

名家小課

白彤东　著

GUANGXI NORMAL UNIVERSITY PRESS
广西师范大学出版社
·桂林·

天下：孟子五讲
TIANXIA：MENGZI WUJIANG

出 品 人：刘景琳
责任编辑：淡　霞
责任技编：伍先林
装帧设计：张志奇

图书在版编目（CIP）数据

天下：孟子五讲 / 白彤东著．—桂林：广西师范大学出版社，2021.11
（名家小课系列）
ISBN 978-7-5598-3587-1

Ⅰ．①天… Ⅱ．①白… Ⅲ．①儒家②《孟子》—研究 Ⅳ．①B222.55

中国版本图书馆 CIP 数据核字（2021）第 009452 号

广西师范大学出版社出版发行
（广西桂林市五里店路 9 号　邮政编码：541004
网址：http://www.bbtpress.com）
出版人：黄轩庄
全国新华书店经销
河北鹏润印刷有限公司印刷
（肃宁县工业聚集区　邮政编码：062350）
开本：820 mm × 1 092 mm　1/32
印张：8.25　　字数：133 千字
2021 年 11 月第 1 版　　2021 年 11 月第 1 次印刷
定价：35.00 元

献给我的父母与家人

前　言

这本书，是基于给新亚新声公司录制的“名家小课”系列中的《孟子》导读课程。我首先要感谢新亚新声的主编杨澜洁不厌其烦地催我接下这个任务，并完成音频课程的录制。没有她的监督，恐怕我会永远有借口不做这件事情的。之后，又是她主动联系，在梅国超编辑的协助下，把我的录音转成文字，并得到广西师范大学出版社的支持，决定以纸质书的形式出版。这里我要感谢广西师范大学出版社世界·观的支持和工作。

往远了讲，这些讲课的内容，是我在美国念博士期间教授与中国哲学有关的课程开始，并不断积累的结果。其间有我在美国不同学校的学生以及后来在复旦大学的学生，为我对文本的思考，提供了很多有形与无形的鞭策和鼓励。甚至这里面有些想法和说法，可能都是我有意无意从与他们的讨论、他们写的课程小论文里“剽窃”来的。但可惜我不能一一追溯我这些想法的来源，只能在这里感谢上过我相关课程的学生们！

这本书是一部导读性著作，面对的是希望对《孟子》有所了解的读者。因此，我决定不按学术专著的标准，给出引文的具体出处，也没有编排索引等。我引用的《论语》和《孟子》，都是根据杨伯峻的《论语译注》（中华书局1980年版）和《孟子译注》（中华书局1960年版）。其他所根据的原典，也都是比较通行的版本，文字也少有争议，读者有兴趣可以自行查阅原文。《论语》《孟子》的引文，我给出了章节，有些给出了杨伯峻版本的段落，并尽量引上一两句原文，这样可以帮助读者查找我讨论的文字的出处在哪里。

本书的写作也得到了上海高校特聘教授（东方学者）岗位计划（跟踪计划）的支持，特此致谢！

目录

第一讲

如何从政治哲学的视角读《孟子》

第一节
为什么今天还要读《孟子》

在读《孟子》这部著作之前，我想先回答一个问题：为什么我们现在还要读《孟子》这部著作？大家知道，孟子生活在战国早期，是一个小诸侯国邹国的人。从孟子的时代到今天，有将近2400年，我们为什么要读一本2400年前的著作呢？

在自然科学里面，有很多经典著作，哪怕你想当一个伟大的物理学家，都不用去读，虽然读了可能会耽误一点时间，也没什么坏处。比如没有读过牛顿的《自然哲学的数学原理》，一点都不妨碍你成为一个伟大的物理学家。那么，为什么在哲学里面，我们还要读这些经典呢？

需要说明的是，《孟子》有不同的读法，我是把它当成一部哲学著作来读的。意思就是，它面对的问题就是所谓的哲学问题。什么叫哲学问题呢？就我理解，哲学问题是不同的地域、时间、人群都要去面对，但又不太好解决的问题，也就是说，不管是希腊人还是中国人，是古代人还是现代人都要去面对的一些根本问题。

举个例子，比如生死的问题，就是人类从古至今都要面对的。每个人可能都有一个自己面对生死的方式，但很难有一个大家都能接受，并一劳永逸地解决生死问题的办法。与此相对，“怎么能让一辆火车动起来”这样的问题，是可以有大家都认可的解决办法的。

再举个例子，比如公和私、家与国之间的冲突。这一问题，古希腊的思想家柏拉图就在面对，跟他差不多同时，在中国的孟子也在面对，两千年以后的英国思想家密尔、中国的思想家梁启超也在面对。当今的腐败问题，其实就是为了个人、家庭、家族的利益去伤害公家的利益，也是公私矛盾的一种表现。

总之，哲学问题之所以是哲学问题，就在于它们都是人类的普适和根本的问题，一直困扰着人类，对其处理也一直没有明显的进步。如果是这样，那么，我们就不能说，因为一个思想家比我们早出生了2400年，他的思想就落后了、过时了。我们需要看的是，这个思想家的思想是否深刻。

尤其跟现代自然科学相比，哲学有一个很特别的地方，就是在哲学里面读经典非常重要，而在自然科学里面并不那么重要，背后的一个原因是现代科学（即笛卡尔和牛顿以后的科学）之为现代科学（modern science），很关键的一点就是在多数时候即所谓常规科学（normal science）阶段，科学内部有一套普适的范式（paradigm）或者体系，而在这一体系内部，科学进步是被明确界定的，我们只需要掌握最新的理论进展就可以了。但是哲学（或者前现代科学）没有这样的进步性。并且，在哲学里面，甚至有近乎反过来的情形，即越是古老的经典，可能越深刻，越值得阅读。这是因为，这些经典是经过了很长的时间考验之后，竞争淘汰的结果。与此相对，近几十年流行的书，仅仅经过了几十年的考验。所以，重视经典，意识到经典的权威性，不是盲目崇拜，而恰恰是常识和理性判断的结果。

如果上面我说的是对的，那么我们就可以理解，为什么现在还要读《孟子》。《孟子》记录的是孟子的言行，而孟子是先秦儒家的重要代表人物之一。更准确地讲，他是先秦三大儒家代表（孔子、孟子、荀子）之一。在一千多年后的宋明理学家眼里，孟子更是被当成亚圣，地位仅次于孔子。《孟子》这部经典在传统中国一直在被人阅读，经历了长久的考验。同时，后世很多儒家的思想，也建基在对《孟子》的注释、解读、阐发上。理解《孟子》，也是理解后世儒学的发展，尤其是儒学最重要的发展之一——宋明理学的基础。所以，从这些方面看，现在我们读《孟子》，依然很有意义。

第二节
儒家思想是“封建专制的糟粕”吗

认为读《孟子》没什么意义的人会说，虽然经过时间考验的哲学经典可能很有意义，但是包括《孟子》在内的儒家思想是没什么意义的，因为儒家的思想乃至整个中国传统无非是“封建专制的糟粕”。说它们是“糟粕”，就是说它们至多是无用的垃圾，如果不是有害垃圾的话。甚至连“封建”这个词，现在也变成了一个近乎骂人的词、贬义的词，比如说一个人是“老封建”，说一些东西是“封建迷信”。而“专制”，则更明显的不是一个正面的词。因此，抛开“糟粕”不谈，儒家既“封建”又“专制”，看来我们就根本没有必要再去读儒家经典。即使有少数人还坚持认为读《孟子》有意义，他们中的主流是把《孟子》当成修养身心的东西。因为如果把它当成政治的，而它在政治上的意义无非是鼓吹封建专制的话，那么它就是没有意义的。如果《孟子》有意义，那它也只能在关于我们的个人修养上。

所以，我们要读全面地读《孟子》，尤其是它的政治层面的话，我们就必须说明白，为什么它的东西不是封建专制的糟粕？这里首先要指出，“封建专制”这个词实际上是自相矛盾的。封建恰恰不是一种专制的制度。什么叫“封建”？大家望文生义理解为“封土建国”。《左传》里的说法是“封建亲戚，以藩屏周”。什么意思呢？周国本来是商帝国的一个小国，但是周国在牧野之战打败了商帝国的军队，商帝国就垮掉了，周国因此就继承了商帝国。但是周国实际上能控制的只是它原有的和商首都附近的一些地域与人口。当时，还有商的王室与他们的势力范围，很多效忠商的小国，以及一些不愿被周国管辖的小国。所以周朝在刚建立的时候，处于群敌环伺的状态。在这种情况下，周的先祖武王、周公发明或采用了一套天才的制度，就是“封建亲戚，以藩屏周”的封建制度。也就是把自己可靠的亲戚、同盟的族群领袖分封出去，给他们一些人和钱，让他们到周国无法控制的地方，建一个城（就是有城墙保护的据点），在把自己保护起来的前提下，慢慢去控制，甚至蚕食周围的土地与人口，从而达到保卫周国的目的。说得更直接一点，封建制度实际上是一套军事扩张殖民制度。

在哥伦比亚大学任教的李峰教授在《西周的政体》和《西周的灭亡》里对西周的制度做了很好的研究。他指出，西周这些诸侯国的建立都是有战略考虑的，它们都是建立在战略上非常重要的地方，并且经常一建就是好几个，这样互相之间能援助，互相之间能照应。

所以封建制度的发明，实际上是为了接管一个大帝国的一套军事殖民的制度。周的这套制度非常成功。周国迅速地把商帝国接手过来，并且还慢慢地扩大了原来商帝国的势力范围。从地域上来讲，它是一个不断扩张的体系；从政治上来讲，周王有直接管理的土地，除此之外，周帝国的多数土地，实际上是让诸侯代管的，周王并不直接管理。而这些诸侯国，开始的时候，可能只是一个城、一个堡垒。但是在慢慢扩张以后，一个城邑变成几个城邑，诸侯就复制了周的封建制度，把自己的亲戚朋友也分封出去。当这些人再去扩张，他们就再继续分封下去。所以，周帝国的封建制度像一个金字塔，最上面的是周王。周王除了自己直接管理一部分土地之外，下面有一群诸侯，诸侯下有大夫，大夫下有家臣，一级一级下去，直到最低级的贵族管理着有限的农业人口。

在这个金字塔里面，周王可能只管不到一百个诸侯。史书上号称八百诸侯，但应该没有那么多。一个诸侯下面的大夫数量就更有限。这种金字塔结构很重要的一点，就是它把一个大国分成一个个小小的共同体。并且，在这个金字塔结构里面，很少有越级管理的事情发生。诸侯国内部的事务由诸侯管理，周王是不管的。只在比如诸侯继承上有问题的时候，周王才有合法的干涉权利。换句话说，这些诸侯国是相对自治的政治实体。我们可以想象，在当时的交通和通信条件下，周王确实很难把帝国的所有事情都管起来。所以，形成这样的一个分封自治的体系是很自然的。因为分封自治，周王就不会把自己的势力延伸到诸侯国，这些诸侯对其大夫也是一样的，大夫自己家族的事务是他们的内部事务，诸侯只管到大夫这一级，所以各级都是一个分封自治的体系。

其实我们想一想，到了今天，家族企业要发展，也是采取了西周式的封建制度。如果我的企业在上海做得不错，希望扩张，我会让一个比较能干的亲戚，投入一定的资金，带一些人去北京开分公司。当他在北京的分公司做好了以后，那他可以在北京的东城区再开一个分公司下面的分公司，西城区开一个，通州区也开一个。这样一级一级分下去，北京分公司的事务由亲戚自己去管，我是不管的，但是如果我的公司跟其他公司竞争的话，分公司要过来帮忙。这其实就是企业里面的封建制度。

如果这么去理解封建制度的话，我们就会明白，封建制度恰恰不是一套专制制度，它是一套分封自治的制度。当然有人会说，《诗经》里面不是说了，“普天之下，莫非王土；率土之滨，莫非王臣”？整个周帝国的土地和上面的人，都从属于周王。但我们看到了，西周的制度并非如此。但为什么这首诗这么说？我建议大家去读读这首完整的诗。读了大家就会发现，这首诗实际上是一个大臣在说，为什么周王你有事情就来找我？你什么事都来找我，我自己的家，我自己的老母亲，都没有时间照顾。“普天之下，莫非王土；率土之滨，莫非王臣。”也就是说，有那么多大臣，你为什么不去找他们？所以，这是一个大臣抱怨周王的诗，而不是在描述周代的制度。

因此，西周的封建制度，绝非专制。从概念上来讲，“封建”跟“专制”实际上是互相矛盾的两个词，“封建专制”就是一个讲不通的说法。它不但概念上讲不通，历史上问题也很大。在西周分封制度垮台后，经过春秋战国过渡，出现了一套新的制度，即中央集权制度，它成了秦帝国乃至后来中原各王朝的制度基础。中央集权制度可能跟专制制度有一定的关系，但不是完全一样的。

即使我们把“中央集权”跟“专制”区分放在一边不谈，我们也知道，这个“封建”跟“中央集权”实际上是处于两个不同历史时期的制度。从历史时期上来讲，“封建专制”的说法如同关公战秦琼。如果历史和概念上都说不通，那么，我们不禁要问，为什么会有“封建专制”这样的说法？

要回答这个问题，我们需回到一百多年前的中国，在鸦片战争中，中国被英国打败。当时多数中国人可能对这件事不太敏感，这不能怪他们，或者怪中国“闭关锁国”。因为在历史上中原王朝被很多边境少数民族打败过，但是它们即使打败了中原王朝，最后还是不得不采用中原王朝的一套政治制度和文化。所以这次被英国打败，多数人认为，就像以前一样，只不过又来了一拨新的蛮夷而已。并且英国占的那个叫“香港”的地方，很多人都没有听说过。只有当时极少数有远见的人知道这次的威胁是不一样的，所以他们慢慢地开展了所谓的洋务运动，也就是在科技器物层面学习西方的运动。结果洋务运动搞了四十来年，中国不但没有变得强大，反而在甲午战争中被日本打败了，这对中国人的心理冲击极大。因为中国人对日本了解得较多，日本一直被当作中国的学生。老师被学生打败，这对中国是一个很强烈的心理上的打击。所以很多学人和政客意识到，也许以前的洋务运动，仅仅在科学技术和器物层面学习西方是不够的，我们还要在政治制度上学习西方。于是，出现了所谓的戊戌变法。虽然戊戌变法没有成功，但是清朝一直试图做出政治上的变革。只不过这个变革最终也没有成功，清朝被推翻了。到了民国时期，政治变革依然不怎么成功，这促使了新文化运动以及五四运动的兴起。“新文化运动”，顾名思义，是一场改造文化的革命。之所以如此，是基于这样的判断，中国不但在器物上、制度上不行，在更深层的文化上也不行。中国如果不革除以前的旧文化，包括儒家在内的旧文化的话，不搞一场新的文化变革的话，中国没法去拥抱西方的先进东西。后来的五四运动，提出要拥抱德先生和赛先生，也就是英文里的democracy和science，即“民主”和“科学”。但这在洋务运动和戊戌变法时已经形成了共识。所以，五四运动真正的新意，是“打倒孔家店”，即要革除以儒家为代表的旧文化，才能拥抱我们的新老师：德先生和赛先生。

但在新文化和五四运动的时代，还是有一些所谓的文化保守主义者，在这之后也有新儒家以及后来的海外新儒家，他们是为传统做辩护的。但是他们中的绝大多数人，只是在文化上为传统做辩护。在对传统政治的认知上，他们跟新文化与五四运动中那些激进派没有太大差别，也对中国传统政治持否定态度。一个基本表现就是，他们也认为中国之所以被打败，是因为中国处于前现代，而西方已经进入了现代社会。西方的现代社会是以资本主义为代表的，在进入现代社会之前，西方处于封建时代。既然我们被一个现代的西方打败了，我们就处于前现代，而西方的前现代是封建时代，所以我们就是封建时代。西方现代的另一个标志就是走向了民主，很多人认为与民主相对的是专制。因此，既然西方走向现代、走向民主，前现代的中国自然就是专制。由西方反观中国，我们得出的一个结论是，遭遇西方前的中国的政治是封建专制。在这个意义上来讲，说中国传统政治是封建专制是双重意义上的“胡说”：是从西方人（“胡人”）的角度来反观重构中国历史的胡说八道。

不过，即使接受这种胡说的人，也不得不承认，传统中国历史上有周秦之变，即西周到秦朝的政治变革。那么，如果秦以后的传统中国是封建制度的话，那么周是什么呢？根据西方的历史演进，或者根据所谓的“五阶段论”，封建之前的是奴隶制度。这样，西周的制度就成了奴隶制度，而“孔老二”及其开启的儒家就成了

"没落奴隶主贵族阶级的代表"。但是如果我们稍微去看一看中国历史的话，就会明白这种说法是不能成立的。但很不幸的是，这种彻底错误的说法依然是当今华人世界的主流看法。

在这种错误说法的笼罩下，中国的传统思想就被"酱缸化"了，成了糟粕。如果儒家思想是专制思想，或者是专制思想的帮凶的话，那它当然就不值得一看。即使现在传统有所复兴，越来越多的人正面谈论儒家，就像五四以来的文化保守主义的主流一样，其关注点，还是儒家的心性、道德层面。但如果这个说法不成立，我们就有了更加全面地看待儒家，特别是它的政治思想层面的理由。

第三节
周秦之变的本质及问题

在摘下了中国的传统思想无非是“封建专制的糟粕”这副有色眼镜之后，我们应该如何看待儒家，特别是孔子与孟子的思想呢？为了理解他们的思想，我们就要理解他们所面对的时代以及那个时代的根本问题。

前面我们谈论了西周的封建制度。虽然它很成功地帮助了周帝国的扩张，并且维持了四百年，但是不管是什么原因，这一制度在春秋战国的时候瓦解了。在瓦解的过程中，经历了诸侯以及诸侯国内部的贵族的“丛林战争”，即所有人针对所有人的战争之后，七个贵族集团胜出，即所谓的“战国七雄”。这七个大国，几乎每一个在地域与人口上，跟周帝国都是可比的。人口方面，很容易理解，因为有人口自然增长。但为什么说地域上也可比呢？除了楚国一直不怎么遵从周的管辖，其他六国，不都是周的一部分吗？前面讲到，西周的封建制度是军事殖民制度。虽然最开始的时候，比如作为周的一部分的鲁国和齐国可能只有一座城，只控制城内及周边很少的地域和人口，但是，在扩张的过程中，鲁国、齐国将它们附近本来不能控制的地方，慢慢蚕食和吞并掉了。到战国的时候，“战国七雄”每个国家的土地和人口，跟周帝国开始的时候，可能都是可比的。

虽然它们的土地、人口跟周帝国有得一比，但是西周管理这么多的土地和人口的封建制度却垮台了。我们经常说春秋战国的时候礼崩乐坏，这里的礼乐不仅仅是一套仪式或者个人道德，它代表的是一套政治意义上的封建制度体系。所以，礼崩乐坏是西周封建政治制度瓦解的表现。

既然以前的制度坏掉了，处于这一大变局中的“战国七雄”，就要寻找一种新的制度。汉代司马谈就讲，先秦诸子关心的核心问题是“治”，都希望天下从乱的状态进入治的状态。用现在的话说，当时的思想家很有可能最关心的是政治问题，而不是个人的道德修养。他们讲个人道德修养也很可能是将它当作解决政治问题的副产品。但前面提到的对传统的错误认知，使得现在很多同情儒家的人，一谈儒家，总是专注于个人道德修养，而把政治作为个人道德修养的副产品。

如果包括儒家在内的先秦诸子首要关心的是政治问题，那么这些问题是什么呢？政治的问题很多，我们只集中在三个根本问题上。第一个就是政权合法性问题。“政权合法性”听起来很“现代”、很专业，但其实它的意思很简单，就是谁来当统治者、凭什么能当这样的问题。第二个问题是：政治实体内部如何凝聚？一个政治实体必然有一个内部凝聚的力量，否则它就会是一盘散沙。第三个问题，这些政治实体之间的交往有什么规则？

读者可能觉得，政治里面有三个根本问题这样的说法太过简单。但《左传》里面有一个大夫讲：“国之大事，在祀与戎。”也就是说国家的大事只有两件：一个是祭祀，一个是打仗。也就是说，《左传》里面的记载，似乎比我的说法还简单。我说政治里面有三个根本问题，而这个大夫说国家的大事只有两件。但仔细想想，祭祀跟打仗这两件事情恰恰在封建时代可以回答我说的三个问题。

关于政权合法性问题，可能齐国的君主会暗自问：“凭什么你是周王，我只是齐国的国君？”在祭祀里面很重要的一点，是祭祀先祖。祭祀先祖是做什么呢？其中一点就是周王要告诉齐君（以及其他国君），我之所以是周王，是因为我的祖先是周王。为什么你是齐君？因为你的祖先是齐君，而他之所以是齐君，是因为我的祖先分封的结果。所以你能当国君，是因为我这个王室给你这样的特权。也就是你的政权合法性依赖于我的政权合法性。你要想保住国君的位置的话，你最好也要保住我的位置。也就是说，祭祀的一个很重要的作用，就是强化封建政权的合法性。当然周帝国也有常备军队，可以先礼后兵。如果封建礼法不足以让你服从的话，我还有军队。

关于国家内部或者政治实体内部的凝聚，祭祀和广义的封建礼教也可以处理。定期的祭祀是这些贵族之间的联谊活动，通过它，这些贵族之间的纽带就进一步强化了。一个政体有凝聚力，就有了集体行动的能力。当这个实体内部有人被侵犯的时候，其他人会过来帮助他。比如，齐国有难，周王会让鲁国、晋国去救，为什么呢？因为它们的君主本来就是亲戚朋友，并且他们每年还要定期喝酒、打猎。在这种情况下，齐君有难，就像现在讲我的朋友有难的话，我当然要去帮忙一样，其他诸侯乃至周王都要去帮忙。

至于国与国之间的关系，如果是诸侯国之间有冲突，周王是合法的调解者。这也是祭祀或者广义的封建礼法系统规定好的。所以“戎”，即战争，不是针对诸侯国内部的，而是针对那些不服从整个周王朝的封建体系的人，就是所谓的蛮夷。现在想来，蛮夷好像非我族类，是不同种族的人。其实在西周的时候，很多蛮夷跟所谓的华夏，在人种上是一样的。蛮夷跟华夏的区别在于，是否接受周的封建制度。如果接受就是华夏，不接受就是蛮夷。既然蛮夷不接受周的封建制度，与华夏有冲突，就不能用封建制度内部的办法来调节。所以蛮夷跟华夏有冲突的时候，周王不再是最终的调解者，冲突剧烈的时候，只能靠战争解决。所以，“戎”既指蛮夷的一种，又有“战争”的意思，这本身就很能说明问题。其实“蛮夷”的“夷”也往往与暴力相关，比如现在我们还说“夷为平地”。总之，在国与国的关系上，诸侯国之间的事务，是在广义的“祀”的范围内管理。华夏诸国与蛮夷之间的事务，最终则要通过“戎”来解决。前面提到的《左传》里的话听起来非常简单，但在封建体系下确实很好地解决了政治的三个根本问题。

但是，在周秦之变中，封建制度垮台，上述对政治中三个根本问题的回应也出了问题。就政权合法性的问题，在封建时代，统治者的合法性来自于贵族血缘，并且它被祭祀等封建礼法所强化。但是在春秋，尤其战国时代，由于贵族之间的争夺，包括周王在内的很多贵族的合法位置被剥夺。在这种情况下，整个贵族体制都垮掉了。贵族体制垮台以后，血缘不能再提供充分的合法性。比如跟孟子有很多对话的齐宣王就不敢通过祭祀先祖来强化他的合法性，也就是说，他不敢说，因为他的祖先是齐君，所以他当然就是齐君。他的祖上是篡位上来的。那么，你的祖上可以篡位，我为什么不可以？！所以陈胜、吴广才会说："王侯将相，宁有种乎！"封建时代，王侯将相靠的是"种"，靠的是贵族的血脉。但当这个以贵族血脉为基础的制度瓦解以后，"种"以及强化"种"的合法性的祭祀和封建礼法就不再是强有力的合法性根据。

就内部凝聚问题，封建时代通过祭祀，通过定期地一起打猎、喝酒，让贵族联络感情，强化其内部认同。但这种方式在战国时代不再适用。为什么呢？很简单，因为这种通过祭祀联络感情的方式，只适用于小群体。比如周王和诸侯就是百人左右的小群体，对这样一个群体，通过祭祀加强关系是有效的。而在战国时代，"战国七雄"中每个国家虽然还有贵族，但是这些贵族已经不再像西周时期那样可以分封自治，因为一分封自治，他们就有可能犯上作乱。在这种情况下，一国君主不得不直接管理千千万万的人民，而这千千万万的人民对他来讲，绝大多数是陌生人。这么大量的群体，无法建立亲密的感情。所以齐宣王才会问孟子：我为什么要管我的人民的事情？我的人民我一个也不认识，他们爱怎么着就怎么着，我为什么要关心他们？所以，内在凝聚的问题，在战国这样一个广土众民并且相对平等的陌生人组成的大国的情况下，被重新提了出来。

就国与国的关系来讲，在封建时代，诸侯国的纷争由周王来做最终的仲裁者。但是在春秋时期，周王的势力已经被边缘化了，五霸实际上替代周王在维持封建秩序。到战国的时候，周王自己都被灭掉了，在这种情况下，如果齐与楚、韩与秦之间有纷争的话，不再有它们之上的合法权威作为调解者。虽然战国时期没有这样的术语，其实“战国七雄”是实质意义上的主权国家。主权国家的意思就是，主权国家内部，主权者具有绝对的权威，在主权国家之上，没有任何政治实体可以合法干预主权国家的事务。在“战国七雄”内部，不再有贵族有独立自治的权威去分割主权者的权威；在“七雄”之间，虽然在封建时代周王对诸侯国的干预也是有限的，但至少他可以合法干预，但在战国时代，最终连周王都没有了，在其苟延残喘期间，周王室也不再有合法干预“七雄”内部事务的权威。因此，国与国的关系应该怎么处理，也在战国的时候又被提了出来。

总之，政治的三个根本问题，封建时代就要面对，并给出了相应的回答。但是在封建体系垮台的过程中，在春秋战国时代，一个后贵族的、平等的、流动的、广土众民的、陌生人的社会与国家的出现，使得三个根本的政治问题，都要被给予新的解答。我想这才是先秦诸子最关心的问题。只有在新的历史条件下回答这三个问题，才能使礼崩乐坏的春秋战国恢复到天下大治的状态。

第四节
保守的儒家

在新时代面对这三个问题，一个很自然的回应，就是回到古代去，重新把古代的封建制度建立起来，儒家经常被当作这样一个保守、复古的流派。比如，在记载孔子言行的《论语》里，孔子的一些说法，似乎非常支持这种理解。在《论语·述而》的第一段，孔子就说他是“述而不作，信而好古”。也就是说，他是个喜欢古代的人，是个记录者而不是创新者。在《论语·八佾》里，孔子说：“郁郁乎文哉，吾从周。”也就是说，他想遵从的、追随的是周代。当然他没有具体指出来是遵从周的什么东西，但似乎是周代的礼仪、制度，这还是一种复古的想法。因此，从这些话来看，孔子就是一个保守复古的人。至于孟子，作为孔子思想的继承人，自然也是一个复古保守的人。《孟子》中有对所谓封建时代的井田制的歌颂，似乎也印证了这一判断。

但是，如果仔细想想，可能会有不同的理解。前面提到的孔子“述而不作”，“述”包括记述历史，而当时孔子所在的鲁国的历史记录叫《春秋》，是鲁国的官方历史。既然是官方历史，就应该由官方来撰写。在封建时代，官方历史要由史官来写，而这一官职要由贵族来担任。孔子自己都说他出身卑贱，不是贵族。在这种情况下，孔子本人作《春秋》，在封建时代是大逆不道的事情。这一点儿都不保守，而是非常革命的。我们知道，孔子可能是中国第一个，或者至少是最早的私人教师之一。在封建时代，读书和教书也是贵族的特权。孔子不是贵族，不但教书，还主张有教无类，学生不论贵贱。所有这些都是划时代的、具有革命性的。

并且，“述而不作”的“述”本身也有其建设与批判的意义。这一点，先秦时代的思想家是知道的。比如在《孟子·离娄下》，孟子说，因为现在周大权旁落，所以各个诸侯国都有各自的官方历史。鲁国的历史叫作《春秋》，其中所记的，是关于齐桓公、晋文公这些重要人物的重要历史事件，但“孔子曰：‘其义则丘窃取之矣’”。也就是说，这些历史事件的道德、政治意义与历史评判，是孔子放进去的。由此可见，孟子明确意识到，对一个历史事件的记述本身是可以带着道德与政治意义的。

因此，孔子的“述而不作”本身，就可能是“大逆不道”或至少是很革命性的事情。并且记述不是简单记录，而是可以传播记录者的政治和道德立场的。这样听来很抽象，但是下面这个具体的例子，很好地展示了我们这里的理解。《左传》里记载了这样一个故事。齐国有一个君主叫作齐庄公，他昏庸无能还很好色。当时真正控制着齐国的人叫崔杼。齐庄公与崔杼很喜欢的一个妾偷情，不但偷情，他还到崔杼家里去偷情；不但到崔杼家里，还把崔杼家的东西偷了出来，并且作为奖赏给了别人。大家想想，齐庄公有多大胆、多愚蠢！这对崔杼当然是莫大的羞辱。崔杼称病不朝，齐庄公上门探望，然后崔杼就把齐庄公杀了。把一个国君杀掉了，这件事是记还是不记？怎么记？崔杼希望负责记述的史官说，齐庄公不是被杀死的，而是病死的。但是这个史官拒绝了，而记下了“崔杼弑其君”。这里的用词很重要：“弑”表示的是杀君主的意思，因此这里的“述”，其实带着一个史官的政治与道德评判，并非仅仅是机械的记录。并且，我们也可以看到这个史官的勇敢和贵族精神，不惧崔杼这个权臣的淫威。但很不幸（也很自然），崔杼把这个史官杀了。封建时代的史官，像我前面讲到的，要由贵族家族来担任。这个史官被杀以后，他的弟弟就继承了这个职位，也要面对如何记录齐君之死的问题。他同样写崔杼弑君，他也被杀了。之后又有一个弟弟，做了同样的事，又被杀了。史官家里最后一个弟弟还这么写，但崔杼没有杀他。这个故事最后还有一个有趣的情节，就是另外一个史官（当时齐国应该有两个史官家族）听说前面几个兄弟都被杀了，他觉得最后这个弟弟也会被杀。如果是这样，他会接着把崔杼弑君这段历史正确地记述下来。从这一点来看，《春秋》经常通过一字的褒贬，来表明政治与道德评判。所以孟子会说，"孔子成春秋而乱臣贼子惧"(《孟子·滕文公下》)。

因此，虽然是记述，但记录什么，用什么样的语言记录，其实都有道德与政治的意义。孔子所说"述而不作"的"作"，指的是妄作。这是他拒绝的。但是"述"本身并不像录音机，只是简单地把所有的声音都录下来，而是带着记述者本人的政治立场、道德态度。所以我们不要把"述"当成简单保守旧的东西。

当然，这里所采取的对先秦儒家的解释的立场，并不是所有的学者都能接受的。但在解读《孟子》之前，我至少明确了和阐释了我的立场，而不是对自己的解读立场不自知或者以为是天经地义的。在本书的解读中，我会关注《孟子》如何在新的历史条件下，回答三个根本的政治问题。孟子的回答，也不是简单地恢复周代的制度，而是在新的条件下，有时候利用看似保守的语言，建立起一套新的政治体系。

第二讲

陌生人社会的凝结剂：孟子的恻隐之心

第一节
人皆有之的恻隐之心

上一章提到，在新的历史形势下的一个重要问题，就是在广土众民的陌生人社会里面，人与人靠什么凝聚起来。对此，孔子其实已经有了回答，就是他的“仁”的概念。他希望从“仁”出发，重构一套统治秩序。这样一个“仁”的概念，孟子当然是接受的。更重要的是，他发展和深化了这个概念，提出了“恻隐之心”这个说法。“恻隐之心”用现代汉语来讲，指的是对他人不幸的同情。但在原意上，“恻”跟“隐”在当时有不同的意思。正是因为孟子的发挥，恻隐之心才成了同情心的同义语。

那么，他是如何通过恻隐之心发展孔子的“仁”的概念呢？在《孟子·公孙丑上》里，孟子讲：“人皆有不忍人之心”，即每个人都有不忍心看别人受苦的心，或者用我们现在的话说，就是每个人都有同情心。他接着讲："先王有不忍人之心，斯有不忍人之政矣。”“先王”从字面上讲，指的是以前的统治者。在孟子的话语里，先王指的是理想的统治者。理想的统治者有同情心，从而建立了基于同情心的治理。如果能进行这样的治理，即“以不忍人之心，行不忍人之政”的话，那么“治天下可运之掌上”，也就是说，管理整个天下就像我们在手上玩个东西一样容易。

孟子的很多对话是在跟某个君主谈论如何治国。在这段话里，他没有明确的说话对象，但我们很容易理解，这是孟子在跟一个想象的君主进行的对话，在教后者如何治理国家乃至天下。但这里有一个问题是，他凭什么说每个人（包括这个想象的君主）都有“不忍人之心”，即同情心呢？对此疑问，他用了一个“思想实验”来回答。他说，你假想一下“乍见孺子将入于井”的情形。“乍见”是突然看见，“孺子”是小孩子，“将入于井”，就是马上要掉到井里，也就是要摔死和淹死。在这种情况下，你会如何反应呢？孟子说，这时每个人都会“怵惕恻隐”。“怵惕恻隐”本来是四个单字，表达的意思基本上一样，就是心里面难受、紧张。通过这个看似非常简单的想象的心理实验，孟子指出，其实每个人都会对他人的痛苦有同情的反应。

这个思想实验，我想应该是人类思想史上设计得最妙的思想实验之一。它妙在什么地方？第一，它用的是小孩的形象。如果有人看见一个大人要摔死了，可能会想，这个大人是谁？如果这个大人正好是昨天欺负过你的人，他摔死了，你也许会幸灾乐祸。但是孟子讲的是一个小孩，小孩一般是带着一种天真无辜的形象。一个小孩的死，在任何人类社会里都是很难接受的事情。

这个实验第二个设计巧妙的地方是，孟子问的是“乍见”的条件下的反应。“乍见”是突然地看见，这意味着你没有时间去确认这个小孩是谁；也就是说，这个小孩对你来讲是完全的陌生人。如果没有这个条件，而你仔细端详这个小孩的话，也许反应会不一样。比如说，你发现这个小孩是昨天打你、欺负你的那个人的孩子，也许你的反应就不一样了。所以在这个实验的后面，孟子也说，你心里难受的反应不是为了要去跟他的父母搞好关系，也不是为了让邻居对你有什么敬佩之情。你的反应是近乎天生的、当下的、直接的反应。

这个实验第三个巧妙的地方，是孟子问的是你心里的反应。他没有问你，是不是马上就会去救这个孩子？

即使突然看到一个小孩遭遇不测的话，也不是所有人都会去援之以手。比如前几年的小悦悦事件。在这一事件里，3岁的小女孩小悦悦在大雨中被车撞倒，不但开车的人没有注意到，据说经过的18个路人也没有人去救她，当然这是媒体吸引眼球的说法。当时下大雨，开车撞倒小女孩的司机没有注意到，18个路人多数也没有注意到。也就是说，并不是18个路人见死不救。但不管怎样，毕竟还是有人看到了，并且没有去做什么。因此就有所谓的学者说，你看孟子说的是不对的，因为他说，看见小孩受苦，人们都会去救的。但是我们仔细读孟子的说法就会发现，孟子没有那么天真、那么不懂世态炎凉。孟子这里问的是，你是不是心里会难受，而不是会不会去救。在小悦悦事件里，有一个年轻的母亲看到了，但没有去救。后来她在接受采访时，别人问她为什么没有去救，她说她本来是想去帮忙的，但是她自己带着孩子，怕惹上麻烦，所以没有去救。

如果这个采访可信的话，它不但没有证明孟子错了，反而还支持了孟子的观点。也就是说，这个母亲，其实她心里是难受了的（“怵惕恻隐”），但是其他的想法把她这个难受给掩盖住了。孟子并没有说，人不会有其他的想法，而是说，在突然看见一个小孩受苦的情况下，你心里肯定会难受。

因此，我说这是一个设计非常巧妙的思想实验。通过这样的设计，绝大多数人会被说服，确实每个人都有不忍人之心，对一个陌生人，也会有同情心。

当然，他的实验设计得再巧妙，还是会有人提出反驳。比如，如果这个小孩不懂事，正拿着枪对着你、要开枪的时候，突然掉到井里去了，我想，这时候你可能会有一种解脱的反应。但是，就像我们解释为什么那个年轻母亲没有救小悦悦一样，你虽然可能有解脱的反应，但同时对这个小孩也会有同情的反应。这并不是对孟子的思想实验的很强的反驳。

一个更强的反驳是说，也许一个小孩对别人受苦就不会有什么反应。比如，有时候小孩子看到有人摔了一跤，不但不会有怵惕恻隐，不会有同情心，还会觉得很好玩，会笑。但是，他之所以没有怵惕恻隐，是因为他没有同情呢，还是因为他的认知能力不够，没有意识到对方是在受苦呢？其实当代有很多心理实验显示，如果你能用小孩的认知能力能理解的方式，表达出对方在受苦的话，小孩也会有同情的反应的。所以，一个小孩对他人没有怵惕恻隐的反应，这里面可能并不是因为他没有同情，而是因为他没有认知到对方的痛苦。

我想，最强的一个反驳是，如果对方心理变态怎么办？你不能说一个心理变态者、一个虐待狂不理解对方的痛苦。恰恰相反，虐待狂的快乐是建立在知道对方在受苦的前提下。对这样一种情况，我们有两种可能的回应。第一种是，虽然这个虐待狂现在好像享受对他人的折磨，但其实他是有同情心的，只是因为他的成长经历，自己也被虐待过，这种同情心被掩盖住了。孟子在很多地方讲过，同情心是人都有的，只是有些人把这个心给放下了、遗落了，但只要好好去找，还是会找到的。这是一种可以为孟子做出很好辩护的回应。

不过，关于虐待狂到底是天生的还是后天的，这在学术界是有争议的。有人认为，有些心理变态者是天生的。不管家庭条件有多好，他还是走上了以虐待他人为乐的道路。这样的人怎么办？孟子可能的回应其实非常简单：这样的“人”其实不是人。因为对孟子来讲，人不是一个生物的概念，它是一个道德概念。只有有恻隐之心的人才配叫作人。如果一个长得像人的生物，没有恻隐之心的话，他根本就不是人。在《孟子·离娄下》里，孟子明确讲过，说“人之所以异于禽兽者几希”，说人跟禽兽就差那么一点点，差那么一点点什么呢？就是现在我们讲的恻隐之心。一个没有同情心的人，他不是人，是禽兽。从这点来看，孟子对人的理解，不是生物学的理解，是道德性的理解。虽然是道德性的理解，但绝大多数生物意义上的人其实是符合孟子的道德意义上的“人”的标准的。

在哲学里面有一个很重要的区分：“描述的”和“规范的”。“描述的”是描述真实的状况，“规范的”是说应该做的事情。孟子对“人”的定义，实际上是规范意义上的，也就是关于人应该是怎么样的。虽然是规范意义上的，但这一定义又跟人的现实差距不太远。绝大多数人能符合孟子对“人”的理解和要求，只有极少数的生物意义上的人被排除在外。

道德哲学，是要讲人应该是怎么样的。这与“人是怎么样”的，是有一定差别的。但是，如果一种道德哲学里面讲的“应该”跟人的现实差别太远的话，比如假设每个人都应该像天使一样的话，那么，这样的假设就成了纯粹的乌托邦。一种好的道德哲学，要有超越人所是的一面、要有乌托邦的一面，但这个乌托邦又不能太高，不能离人的现实太远。也就是说，好的道德哲学，要的是现实的乌托邦。孟子对“人”的定义，就是这样的好的道德哲学、这样的现实的乌托邦。它既离人的现实不远，又对人超越自我提出了要求。

虽然每个人都有恻隐之心，但这只是仁义的“仁”的一个发端、一个开始。将人皆有的恻隐之心充分发展为道德，需要我们的努力。孟子讲“恻隐之心，人皆有之”，指出这样的努力是有基础的。每个人都有这么一粒小种子，如果人人都能精心呵护这粒小种子的话，就可以在人们心中培育出道德的大树。

在讲了恻隐之心之后，孟子又提到了另外三种心：“无羞恶之心，非人也；无辞让之心，非人也；无是非之心，非人也。”这四心是四种道德的发端：“恻隐之心，仁之端也；羞恶之心，义之端也；辞让之心，礼之端也；是非之心，智之端也。”这里孟子提到了儒家推崇的仁、义、礼、智这四大美德。在每个人心里面都有四粒小种子，能不能把这四大美德发展出来，就靠各人自己道德上的努力。如果把这四粒小种子好好发展起来，就会长成一个道德意义上的人。所以孟子用了这样一个比喻，他说，“人之有是四端也，犹其有四体也”。就是说，人有这四端，就像人有四肢一样。一个天生有四肢的正常的婴儿，如果他的四肢没有好好成长的话，他就还是处于小孩的状态，或者是小人的状态。如果好好成长，那他就会长成大人。现在我们会说某人是小人，这是骂人的话。但是，“大人”“小人”的区分，在《孟子》里是被明确提出来的，是用于描述人的道德发育状态的。这里的“大人”“小人”，不是指其原本的、身体的意义上的，而是指道德层面上的。道德上我们也有四肢，就是仁、义、礼、智。四心就是这四肢的萌芽。我们让这四心好好成长的话，就会长成道德意义上的大人。没有好好成长的话，就会停留在一个道德上的小人这样的状态。如果道德四肢长好了，达到道德上“大人”的状态，就可以如孟子讲的，“足以保四海”，可以关心、爱护、保卫全天下的人。但如果不让这四肢长好，是道德上的小人的话，就“不足以事父母”，就连自己父母都无法照顾。不让自己的道德四肢好好成长的话，实际上是“自贼也”，是自己伤害了自己发展的潜能。

第二节

作为道德核心的恻隐之心：凝聚陌生人

上一节我们分析了孟子对恻隐之心的说法和相关问题。不过，这个说法中，还有一个问题。他的“孺子落井”的思想实验展示了为什么恻隐之心是普遍的。像我们前面说的，这一展示很有说服力。但是，说完恻隐之心普遍存在于人以后，他马上又说，作为义、礼、智的发端即其他三种心，羞恶之心、辞让之心、是非之心，也是人皆有之的。但为何这三种心也是人皆有之的？孟子似乎在给出了恻隐之心的普遍论证后，就顺势加入了另外的概念，也就是其他这三种心也是人皆有之的。它们是怎么被加进来的？这是一个很难回答的问题。在儒家经典注疏历史上，后来的很多儒家思想家注意到了这个问题，对此也有很多说法。比如，朱熹说，其实人有的就是一种心，只是处于不同的情景下会生发看似不同的四种东西，就像天地本来只有一气，但会展现为看似不同的春夏秋冬。他这个比喻很巧妙，但是不是真能解决从恻隐之心的普遍性过渡到其他三种心的普遍的问题，还是有争议的。又比如，黄宗羲从天机的活动来解释这四心的关联。前述可知，比如说小孩子要对他人有同情心的话，他还要有认知心。也就是说，恻隐之心跟人的知或者智，实际上也是紧密联系的。我们可以想象，确实可能有把恻隐之心和其他的三种心联系起来的说法。但是这个问题太过复杂，太过技术化，我们不在这里展开论证。

不管恻隐之心与其他“三心”的关系如何，有一点是明确的：恻隐之心在孟子的论证中占据着核心地位。也就是说，在仁、义、礼、智四大美德中，仁占据着核心地位。但是，孟子的思想实验非常强有力地论证了恻隐之心确实是（绝大多数的）人皆有之的。但从恻隐之心的普遍性，又怎么得出来它是人之为人的一个根本性的特征，是好的且值得提倡的？以它为根本的仁为什么是儒家的四大道德条目之一，甚至是最重要的？我们知道，很多情感和欲望是人皆有之的，比如食欲。但我们一般不会说，一个饿了去找饭吃的人，是有道德的。如果这样的人是有道德的，那么有机会就吃，吃什么也不挑拣的猪，简直就是道德典范了。

并且，我们把视野放宽一些就会发现，不是所有的道德哲学都把以恻隐之心为基础的仁当作道德的。比如西方最伟大的哲学家柏拉图，在他最重要的政治哲学、道德哲学著作《理想国》里，从来没有提过恻隐之心或者跟恻隐之心接近的任何东西。《理想国》里苏格拉底提到了四大美德，它们是智慧、勇气、节制、正义，根本没有同情心的地位。亚里士多德不太一样，在他的《尼各马可伦理学》里，他不但提到了怜悯，实际上还承认怜悯是人皆有之的一种情感。他虽然列出了比苏格拉底给出的四大美德多得多的美德，但是怜悯并不在其中。不可否认，对他人的同情、怜悯，在西方的近现代确实是被当成有道德的表现。德国哲学家尼采在《论道德的谱系》和《超善恶》等著作里指出，古代人其实不把怜悯当回事，直到现代，怜悯才成了一种主流的道德。对此，他的解释是，因为世界上有一类人，即犹太人，他们阴谋颠覆古代高贵的道德体系，使怜悯成了现代的主流道德。并且，他认为，以怜悯为基础的现代主流道德是一个不好的道德体系，是应该被取代的。

尼采对西方道德体系转变的解释，明显有着种族主义、反犹太人的倾向。但是他指出的转变本身，确实也能在我们提到的柏拉图、亚里士多德等人那里找到支持。因此，为孟子辩护，我们就要回答，即使怜悯或者同情是普遍的，为什么怜悯、同情是人类都应该有的道德，或者说是道德的基础?

对此，孟子的回答很简单：人之为人，就必须要有怜悯，必须要有同情。这样的回答，是不成为回答的回答，或者是独断式的回答。我们的问题是，为什么人要发展其天生的怜悯、同情心?孟子的回答是，因为人就是要发展怜悯、同情心！我管这种论证叫“敲桌子论证”。当然，每种哲学到了最根本的地方，可能就只能诉诸“敲桌子论证”。但是，我们可以把敲桌子的“地方”移得靠后一些。如果我们跳出孟子本身的思想框架，并且回想上一章的一般论述，就会发现，也许怜悯跟同情的引入，恰恰是要回答我们前面提到的，封建制度垮台以后带来的一个严峻的问题：如何把广土众民的大国中的陌生人凝聚起来?

像我们前面提到的，在封建时代，虽然周是个大帝国，但是这个大帝国把一个复杂的社会，通过分封，分解成一个个小的共同体，即所谓熟人共同体。在这种小共同体里面，通过定期聚会，即祭祀活动，熟人之间的纽带得以强化。但是，这种小共同体，到了孟子生活的战国时代，彻底瓦解了。当时的社会，作为统治者的王还在，“战国七雄”每个国都有自己的王，都有自己的统治者。只是统治者无法再利用周分封的办法，去统治国家。这个时候，统治者就不得不直接面对千千万万的陌生人。他跟这些陌生人之间，是没有任何直接的关联的。这就产生了一个问题，他为什么要去管这些陌生人的事情？在《孟子·梁惠王上》中，孟子就对齐宣王说：要想成为天下的王者，就要去保护你的民众。齐宣王问，他这样的人也可以保护民众吗？孟子讲了齐宣王的一段经历，说明齐宣王确实有恻隐之心，也就是有保民的潜质。

因此，恻隐之心的提出，恰恰是孟子用来回答在新出现的陌生人的社会里，陌生人之间如何凝聚的问题。我们回顾一下上一节的论证恻隐之心普遍存在的思想实验，就会发现，突然看见一个小孩落井，虽然我们完全不知道他是谁，或者说他是一个近乎抽象的陌生人，但是，即使对这样一个绝对的陌生人，我们也是关切的。如果我们对绝对的陌生人有这样的一种关切的话，这种恻隐之心就可以成为凝聚陌生人的一个可能选项。并且，我们看看含有孺子落井例子的这一整段话，它的主旨是什么？这段话开始说理想的君主有不忍人之心，才能有不忍人之政。因此，这一段其实就是要去解决陌生人的国度里，统治者管理动机的问题。

由此可见，恻隐之心的提出，不是关于个人道德的事情，而是为了解决当时的一个根本性的政治问题。我想这才是孟子提出恻隐之心，并将其当作最重要的道德，也就是“仁”的基础的真正原因。在欧洲历史上，中世纪的制度跟西周的封建贵族制度有一定的相似性。在中世纪的封建制下，其社会也是熟人社会。但是中世纪结束以后，西方进入所谓的现代社会。现代国家的一大特征，就是它是广土众民的、相对平等的陌生人的大国。在这样的情形下，类似的一个问题，就是这些陌生人之间怎么凝聚起来，也被提了出来。这可能是为什么在欧洲，同情与怜悯会成为现代的主流道德。换句话说，尼采对欧洲的“诊断”与观察是正确的，即怜悯是现代欧洲人特有的“病”。但是，他对“病因”的解释是错误的。这种道德体系变化的原因并不是犹太人的阴谋，而是因为恻隐之心、同情心、怜悯是能把现代社会中的陌生人凝聚起来的很好的办法。

由此我们也可以理解，为什么孟子讲完恻隐之心以后，就很快地讲了其他三种心。我们可以看到，对孟子来讲，最重要的、最关键的是恻隐之心。之所以关键，是因为这是对当时一个最迫切的政治问题的直接回答。当然，孟子不一定充分和有意识地认识到了这一点。有时候一种思想比提出它的人，可能还要聪明一些。

第三节

恻隐之心的培养：推己及人，从家出发

从上一节的讨论我们看到，恻隐之心可以用来凝聚陌生人。但是在孟子的思想实验里，他明确承认，恻隐之心虽然普遍，却很弱小。我们要好好培养它，它才能长成仁的大树，才足以凝聚陌生人。那么，我们怎么培养它？培养的方法应该是怎样的？这对儒家来讲是非常关键的问题。在《论语·雍也》中，孔子对育仁之方作了非常简洁的表达，就是“能近取譬”。什么叫“能近取譬”？就是从近的地方找到一个落脚点，找到一个类比和外推的起点。这听来非常抽象，但其实它跟我们口语里说的将心比心，是一个意思。对我们来讲，最看得见、摸得着的是什么？是我们自己。我们可以从自己的心理状态去理解其他人的心理状态，进一步去关心他人。这

就是孔子讲的“能近取譬”，就是就近找到一个抓手。

关于这个就近的抓手，孟子给出了一个非常好的例子。在《孟子·梁惠王下》中，齐宣王与孟子有一段对话。在这里，齐宣王看起来比较诚恳，他向孟子主动承认说，“寡人有疾”，也就是说他自己有毛病。从他后来的陈述中，我们发现，他的病不是身体上的，而是心理上的。并且在后者的意义上，他还有两种病：第一，“好货”，就是贪图财货；第二，“好色”，就是贪图美色。对此，孟子的回应是，好货、贪财跟好色并不是问题。古代两个儒家意义上理想的统治者，一个好货，一个好色。就好货的那个统治者来讲，恰恰因为他自己好货，所以他意识到，他的人民必然也好货，也想拥有富足的生活。因此在他的统治下，他的人民过上了富足的生活。就好色的那个统治者来讲，恰恰因为他自己好色，所以他意识到，他的人民必然也好色，在他的统治下，“内无怨女，外无旷夫”。就是说那些想出嫁的女人、想娶亲的男人，都有人嫁、有人娶，他们对异性的（合理的与合礼的）欲望都得到了满足。

对孟子来讲，统治者自己有七情六欲，恰恰是他能理解他的人民的需要的落脚点，是他能就近找到抓手的地方。反过来讲，如果统治者自己清心寡欲，他很可能就不能成为一个很好的君王。在现实生活中，我想大家可以看到很多这样的例子。比如有些老板，自己是工作狂，不觉得要休息，虽然他可能并不想去苛待自己的员工，但没有理解到员工是需要休息的，结果让员工过着所谓的“996”，不是一个爱护员工的好老板。

又比如，在美国老布什与克林顿竞选总统时，出了一件让他很难堪的事。有人问他，美国的超市里卖的牛奶要多少钱？他回答不出来。别人就批评他，说他连牛奶有多贵都不知道，他怎么可能了解民间的疾苦？所以无论中西，孟子讲的话都触及了一个很深刻的道理，一个好的统治者要有欲望，要食人间烟火，才能理解民间疾苦和人民的需要。一个不食人间烟火的统治者，不可能成为好的统治者。

有意思的是，跟孟子的想法相对，西方的思想家康德在《道德形而上学基础》等指出，如果一个人去帮助别人，是因为他天生喜欢助人的话，虽然他的行为是值得夸奖的，但是他的行为是没有任何道德价值的。什么样的行为才有道德价值呢？当他自己丝毫没有帮助他人的意愿但仍然因为道德律的要求去帮助别人的时候。他之所以没有帮助他人的意愿的一种可能是，他自己是个有着“彪悍人生”的人，因而不理解，甚至非常厌恶那些寻求他人帮助的人。可能他自己出身贫苦，其他条件也不太好，但是通过自我奋斗，达到了富足的状态。这种情况下，他会觉得那些寻求他人帮助的人，是没有自制、自强的能力的人。所以他对这些人，心里是看不起的。虽然看不起他们，但因为道德律有帮助他人的要求，他依然会去帮助他人。这样的行为，是出于道德责任的要求做出来的，才是真正有道德价值的行为。

康德的说法与孟子的说法形成了很有趣的对比。就孟子来讲，只有自己对这种痛苦有所感知，才能理解他人的痛苦。而对康德来讲，因为自己的痛苦，去推己及人，去关心他人，这样的做法，不一定有道德价值。当自己无法感受到他人的痛苦，去帮助他人减缓痛苦，不是出于获取名声、获取长远利益的目的，而是出于道德律的要求，这样才有道德价值。

前面谈到的孟子的说法，给出了一个“能近取譬”的具体表现。但是这里面还有一个问题，即自己虽然有痛苦，因此类推并理解了他人的痛苦，但这并不等于说，自己因此就会去帮助他人。我虽然能理解你的痛苦，但是也可以对你的痛苦置之不顾。在与齐宣王的那段对话里，孟子讲了好货、好色是理解民间疾苦的起点，但要能关心民间疾苦，需要“与百姓同之”，即与人民分享。

我自己好货，我要跟百姓去分享，让百姓也有钱。我自己好色，也要跟百姓去分享，让百姓也能满足他们对异性的向往。所以好货、好色之所以不会成为坏的东西，要有一个前提条件，就是要允许老百姓也同样拥有追求的机会。

要能与人民分享，就需要关切他人，并将这种关切培养到足以让统治者有充分的动机去关心和解决民间的疾苦。培养这种关切，同样要“能近取譬”，从近处着手培养这种关切。如果只是自我的话，自我只有自我可以关切，所以要找到一个有他人，从而能去培养对他人关切的地方，但同时又是跟“我”很近的地方。儒家发现有这么一个地方，叫作“家”。家是人类社会普遍存在的组织。哪怕是孤儿，如果能存活下来必然有一群人把他养大。从这种意义上来讲，任何人都有（过）家。这里的“家”并不一定是生物意义上的父母养育小孩的地方，任何能抚养小孩的地方都构成小孩的家。在后代，比如汉代的董仲舒，在他对一些疑难案例给出的意见里（所谓的“春秋决狱”），可以明显看出来。董仲舒认为，如果一个生物意义上的父亲没有尽到自己的职责，就不配叫作父亲，而真正把孩子养大的养父，才是他的父亲。

作为人类社会普遍存在的一种政治、社会组织的家，又同时具有看似相反的两个特征：一方面，家是每个人都感到私密、感到亲近的地方；另外一方面，家又是我们跨出狭隘的自我的第一步。大家都有这样的经验，小孩没有受到很好的家教的时候，我们说这小孩不懂事。懂事是什么概念？懂事是知道自己的欲望、要求的满足并不是这个世界上最重要的事情。这一点从哪里学到？最重要的一个学习场所就是家庭。小孩一两岁慢慢地懂事，就意味着他知道，有的时候要为了别人去牺牲自己的利益，自己的利益并不是永远最重要的。比如有个房间阳光比较充足，应该留给奶奶住。比如他自己想吃糖，但是妹妹也想吃的话，应该留一块给她。所以家就有这样一个双重性：一方面它是我们私密的场所，另一方面它又是我们跳出狭隘和自私的地方。儒家希望通过家的后一种特征，实现对个人的超越，走出学会关心他人的第一步。这也是为什么家庭关系对儒家来讲这么重要。

不幸的是，五四新文化运动以来，儒家被污名化了，被贴上各种不好的标签。比如，儒家的"家"就被等同于封建的、压制人的场所。并且，根据这种理解，儒家希望通过家对个性的压制，通过父对子的压制，培养对君愚忠的臣民。比如巴金的小说《家》里家的形象，鲁迅作品中家的形象，把家的压制性形象，把儒家对家庭观念的强调是为了培养顺民的这种曲解，深深地刻在了当代中国人的心中。

但如果我们认真读读先秦儒家经典，会发现他们的说法与五四的曲解明显不同。当然，先秦确实有思想家讲到了通过对父的愚孝去培养对君愚忠的臣民的想法。但这个人不是儒家的，他是韩非子，是法家的集大成者。相反，儒家对父子的关系的阐述从来都不是单方面的。儒家的观念是父慈子孝，父亲要尽抚养的责任，子才有尽孝的义务。与此相对，如前面提到的，如果生父没有尽到抚养的责任，那么尽到抚养职责的养父，才是真正应该被当作父亲来对待的人。

儒家讲的父子关系，从来都是相互的。比如《论语·子路》中，孔子讲父子不要互相揭发，而没有说只是不允许儿子揭发父亲。因而儒家的家庭不是培养儿子接受父亲压制的场所，而是培养父子互相关爱的场所。

五四新文化运动以来一些反传统的人，无视儒家所讲的父子之间相互关爱的关系。至于君臣之间，儒家更是明确强调相互的责任，而绝非单向的愚忠。在《论语·八佾》里，孔子讲“君使臣以礼，臣事君以忠”，就是说君要对臣有礼，臣才对君有忠的职责。在《孟子·离娄下》里，孟子也明确地讲到这个观点，我们后面会进一步讨论。总之，儒家讲的父子、君臣关系，是一种相互的关系，是相互尽责任和尽义务的关系。从新文化运动到五四激进派，明显歪曲了儒家的思想。

当然，表面上看，他们的说法也不是完全没有根据的。我们看先秦儒家经典，似乎他们更关注的是子对父的孝。不是说没有讲父对子的慈，但更关注的是子对父的孝。后来汉代有《孝经》，有讲子对父如何孝的经典，但历史上没有“慈经”，即父对子怎么慈的经典。为什么儒家没有更多地强调父对子的慈，而是将重心放在子对父的孝上？

其实答案非常简单。只要大家有一点点生活经验就知道，父母对子女的慈几乎是天生的。从生物演化上来讲，父母如果不养子女，子女就会死掉，那人类大概没过几代就死光了。所以从生物意义上来讲，人天生就有对子女的关爱，父母对子女的关爱，是不需要培养的。反过来，子女对父母的关爱需要着力培养才能做到。既然我们在家庭里培养这些关系，是希望跳出狭隘的自我，自然我们就要把重点放在并不是天生的那种关系上，就是子女对父母的孝。父母完成了对子女的抚养以后，父母在生物学意义上来讲就没用了。很多原始部落里，老人经常是被抛弃的。很多老人因为病痛没有跟上部落的迁徙，被部落甩掉，死在外面。这才是人的动物性的正常表现。

从这点来看，子女对父母的孝，是需要着力培养的。因为需要培养，所以才会被儒家重视。儒家希望培养子女对父母的关爱，然后把这种培养外推出去，我们就可以关心他人的父母、子女，关心那些陌生人。这就是儒家要强调孝道的原因。这不是为了培养愚忠的顺民，而是希望人能跳出狭隘的自我。

与《论语》乃至《孝经》相比，《孟子》对孝的讨论相对要少一些。但是《孟子》也还是提倡从家里的关爱培养起并外推之。比如，《孟子·梁惠王上》里讲："老吾老，以及人之老；幼吾幼，以及人之幼。"如果能这么做的话，"天下可运于掌"。就是说，治理天下，就像在手上玩东西一样容易。这与《孟子·公孙丑上》里谈论恻隐之心的那段话的说法一样。在那里，"天下可运之掌上"是从"不忍人之政"来的，那么不忍人之心怎么去培养？这里孟子给出了一个明确答案：通过对我们自己的老人、孩子的关爱，然后去外推到对他人的老人、他人的孩子的关爱。

其实从个人经验来讲，这一点很容易理解。比如就我自己来说，我爷爷20世纪40年代就去世了，而我奶奶是1984年去世的。她跟我们生活在一起，我小时候，她带得最多，我跟她也非常亲近。我记得奶奶去世以后，在街上看到步履艰难的老太太，我的眼泪会抑制不住要掉下来。但是如果一个老爷爷在受苦，我看着也觉得可怜，却没有那么强的情感冲动。我们对外人的关心是从对家人的关心开始的，这是儒家一个非常深刻的洞见。家庭培养是让我们跳出狭隘自我的最好的办法。

因此，儒家对家庭的重视，是希望从家庭外推，让人们慢慢地去关心整个陌生人的世界。有些人认为，中国人只关心自己的家庭，不关心外界的陌生人，把这个问题归罪于儒家，也是明显不对的。儒家虽然强调关心家庭，但不是让人停留在家里，是希望通过家庭的培养，慢慢地让我们把自己的关爱扩展出去。当代，有些中国人为了家庭不顾一切、自私自利的行为，不能让儒家负责。我们想一想就明白，当代中国是近150年来反传统的结果。现在的很多问题，不应该从中国传统里找原因，而应该从对传统的革命里找原因，是反传统带来的中国的现实。

沿着孔孟"能近取譬"、以家庭为出发点、推己及人的洞见，后代的儒家更加明确和彻底地把《孟子》里已经提到的意思表达了出来。其中最好的表达就是宋代的儒家思想家张载写的一段话，他把这段话刻在卧室的西墙上，称其为“西铭”。这段话讲天地都是我的父母，我只是天地之间一个渺小的存在。我虽然渺小，但我是带着天地的这些东西的。这是听着既谦卑又很有豪气的一段话。说完这段话以后他说：“民，吾同胞；物，吾与也。”天下的万民都是我的同胞——这里“胞”指的是互相之间有血缘关系的人，也就是说天下万民都是我的亲戚；天下的万物都是我的“与”——“与”是朋友的意思。我们如何能达到“民胞物与”这样一个状态？恰恰是从家庭关系向外推出来的。所以张载讲，天下人在受苦受难，都是我的兄弟姐妹在受苦受难。关心天下人在受苦，就像我要关心我受苦的兄弟姐妹一样。这里张载就把《孟子》里隐含的说法，发挥到了极致，不但要关心所有人，连物都要关心。

并且，这种“民胞物与”并不是说空话。据说宋代儒家的思想家周敦颐，春天的时候，窗外的草长出来，他不去剪。为什么不去剪这些草？他说这些草，刚恢复生机，不忍心把这种生命给摧残了。他把关爱外推的过程中，连草木都被关爱了。

宋代的程颐，也有类似的故事。他做过帝师。当时这个皇帝因为年纪小，非常调皮，春天的时候出去玩，折了一段柳枝。程颐就教育，皇帝应该关爱所有人，如果你有这样一种强的关爱的话，应该对春天刚恢复生机的柳枝也要有所关爱。而你这么随意地把柳枝折掉了，然后当个玩物去玩一玩就扔掉，这表示你缺乏关爱之心，怎么能是个好皇帝呢？当然我们可以讨论程颐这种做法是不是最好的教育办法。包括像司马光这样的人就说，这样的责备可能会让这个小皇帝对儒家产生反感，长大了更有可能拒绝儒家的主张。不管他的教育方法是否正确，我们从周敦颐、程颐的故事，从张载的说法都能看到，如果我们把从家里培养对亲人的关爱慢慢外推的话，我们最终会关爱世界上所有的人，甚至关心世界上所有的生命，如动物、植物，或无生命的东西，如器物。当我们把一个好好的物件弄坏了，我们会说可惜，可惜它本来是完整的，我们把它的完整性破坏了。这是儒家的一个理想，如果能达到这样一种理想状态的话，那么一个陌生的社会就通过这样的关爱，紧紧地联系到了一起。

第四节
距杨墨：普遍而有差等的爱

包括孟子在内的早期儒家希望通过推己及人，把关爱延伸出去，最终达到“民胞物与”的状态，就是对世间的万物都关切的状态。我们之后会看到，在孟子看来，能达到，哪怕是接近这种理想的是极少数人。但不管怎样，这是儒家的一个理想。

后世就有人因为这个理想而批评儒家，说儒家的这种博爱、泛爱的状态，没有给国家一个特殊的地位。在清朝末年中国被西方打败的时候，就有梁启超等人出来批评儒家，说儒家有对家的爱，有对天下的爱，但缺乏对国家的爱；儒家是中国人不爱国的原因，从而也是中国被打败的一个重要的原因。

就儒家的泛爱思想来说，这样的说法忽视了这一思想很重要的一个层面。虽然博爱的“民胞物与”是儒家的理想，但即使达到了这种理想状态，儒家还强调“爱有差等”。即使我们能达到对世间万物都关爱的状态，但我们对不同对象的关爱是有差别的。这是很多儒家共享的一个根本观念，孟子更是非常明确地提了出来。

孟子的泛爱但同时爱有差等的观念，在对当时分别以杨朱和墨翟为精神领袖的两个主流流派的批评中，很好地展现了出来。在孟子的批评里，杨朱表达了一种极端自私自利，对他人毫不关爱的思想；而墨子则是极端的大公无私，强调兼爱。这里的兼爱不仅仅指的是对谁都关爱，而且是说给予每个人平等的关爱。换句话说，一个人并不给他的家人以更强的关爱。这是孟子所展现的墨子的兼爱观念。孟子认为，这两种观念都是错误的。与他们不同，虽然儒家的目标是对世间万物都要有关爱，但是即使达到了这样的目标，还是要对不同的对象有不同程度的关心。

在《孟子·尽心上》中，孟子指出“杨子取为我”，杨子指的是杨朱，“为我”就是以自我为根据，据此，杨朱“拔一毛而利天下，不为也”，就是说哪怕拔掉一根毫毛对天下有利的事他也不去做。不过，这里要提醒读者的一点是，当我们看《孟子》文本里讲述杨朱、墨翟等他所批评的人的观点时，要心存疑问。因为孟子与这两个学派为敌，在这种情况下他对这两个学派立场的描述就不一定是公允的，不一定跟历史上这两个学派真实的立场一致。稍微有一点社会经验和常识，就能理解，论敌之间会经常有意或无意地歪曲、扭曲对方的观点。从孟子的人格来看，孟子应该不会去恶意歪曲对方的观点，但是因为他自己的立场，他有可能无意地扭曲了对方的观点。

我们知道，杨朱并没有可靠的著作与言论记录留下来。《列子》里的一篇叫“杨朱”，但公认是后世的作品，不一定跟历史上的杨朱有关。杨朱的说法只是散见于先秦的其他文本，并且非常少。所以杨朱到底表达了什么观点，我们其实并不太知道，这里孟子所理解（或曲解）的杨朱的观点是我们理解杨朱思想的来源。

不过，为什么在春秋战国思想家里，杨朱的这样一个看似极端自私的说法会有这么大的影响？一个可能是当时这些贵族之间没有底线地互相陷害，导致这样一种极端自私、自保的观点出现。但是，孟子所描述的杨朱的观点，并不是不择手段地陷害对手，而只是拒绝帮助他人。所以，如果我们能以更多的同情心去理解杨朱，一个更大的可能是杨朱的“拔一毛而利天下，不为也”

的说法是意图回应和消解当时的天下失序。为什么天下有这么多战争？因为有太多的诸侯、贵族打着仁义的旗号，去寻求自己的利益。这种情况下，如果我们每个人、每个国家，都不去管其他国家的闲事，不去虚伪地或哪怕是真心地做“世界警察”（天下霸主），那其实就天下太平了。所以杨朱这种说法，可能是出于一种所谓的玩世不恭的态度。因此，冯友兰先生在他的《中国哲学简史》中把杨朱归为道家的开创者，确实有其道理。因为老子，尤其是庄子，对当时这种打着仁义的旗号，实际上是扰乱世界的行为，都是有深刻的认知和批判的。

现在我们也可以想象，杨朱这种说法还是有它的道理、有它的市场的。比如美国当时号称为了维护和平（因为萨达姆被认为有大规模杀伤性武器），为了救伊拉克人民于水火，发动伊拉克战争，推翻萨达姆政权。但是很多人认为，美国之所以开战是为了抢占石油资源。哪怕是就当时少数真正想通过暴力移除萨达姆政权，让民主的种子在中东的世界里生根发芽的人来说，他们支持的战争的最终结果也非常糟糕。如果没有这些假意或者真心要做好事的人，伊拉克人民以及周边人民遭受的苦难，可能会小一些。因此，不管从当今的政治也好，或是从对杨朱的比较同情的理解出发也好，我们看到，他说“拔一毛而利天下，不为也”，可能并不是一个极端自私的说法，而是对那些好管闲事、自以为是的做法的警示。

回到我对孟子思想的讨论。不管杨朱的真实说法是什么，在孟子看来，杨朱流派代表的是一种极端自利的观点。而另外一个极端是墨子，据《孟子·尽心上》载："墨子兼爱，摩顶放踵利天下，为之。”就是说哪怕他身体上受了很大的摧残，做出了很大的牺牲，如果能利天下的话，也是要做的。但是孟子认为，杨朱跟墨子都是不对的。除了杨墨以外，孟子又提到了子莫，这个人是“执中”，就是他既不像杨朱那么极端自私，又不像墨家极端利他。但是孟子对他的评价是“执中为近之”，就是说执中这个做法稍微近道一点，但是“执中无权”，一味地走中间路线，没有权衡、没有掂量，这种情况下“犹执一也”，还是像攥着一个固定不变的原则。

孟子对杨朱与墨子的批判，不仅是因为他们一个极端的自私，一个极端的利他，爱没有差等，更重要的批判在于他们没有权衡，没有掂量，没有从一个相对抽象的原则出发，根据现实情况做出权衡、做出调整。所以，孟子接着就说，“所恶执一者”。他讨厌这样抱着一种做法，永远不变的人，他们的问题在于“为其贼道也”，伤害了道，并且“举一而废百也”，即坚持一种做法，而把成百上千的复杂情况给忽视掉了。所以在这里我们看到，孟子“爱有差等”的两个重要的特征：第一，儒家这种博爱，不是没有差等的兼爱，爱是要有差等的；第二，这样的一种差等并不是绝对的、先天的、给定的，而是需要对具体的现实进行权衡，进行分析。面对不同对象，尽管我们都要有关爱之心，但是在具体的情况里，我们要根据对不同对象的关爱，考量出一个次序。当我们因关爱不同对象发生冲突时，或者无法简单地协调时，要找出一个折中的办法。这才是儒家泛爱的另外一个重要特征：爱要有差等，而这种差等需要权衡、考量。

就这一点，后代的注释者焦循，做了一个非常好的比喻。他说杨朱的做法像“冬夏皆葛”，也就是冬天和夏天都穿着薄衣服。墨子的做法像“冬夏皆裘”，也就是冬天和夏天都穿着厚厚的裘皮。子莫这种要执中的人，像“冬夏皆夹”，也就是冬天和夏天都穿着夹衣。我们知道，只要不是热带和两极，四季变化明显，我们的目标是要保持自己身体的舒适。这种情况下，我们穿的衣服，要根据季节、气候进行调整。这种调整不是随意的，背后有一个统一的原则（“道”），就是要保持人类的健康和舒适。虽然我们有一个统一的原则，但是我们还要根据气温、气候进行权衡、调整。我们不应该坚持一个具体的原则，把这种具体原则普遍化。一直穿着厚衣服或者薄衣服都不好。相比来讲，穿着夹衣可能会好一点，春秋应该差不了太多，夏天稍微热一点，冬天稍微冷一点，但那依然不是好的做法，不是根据现实的条件去权衡、调整的做法。

总之，儒家的爱，是要根据不同的对象、情境进行调整、排序，之所以排序是因为对不同对象的爱是不一样的，是有差等的，所以这是儒家的泛爱的非常重要的一个侧面。孟子对此有一个总结。在《孟子·尽心上》里，他说："君子之于物也，爱之而弗仁；于民也，仁之而弗亲。亲亲而仁民，仁民而爱物。"就是说，君子对不同对象的关爱是不一样的。对物，是爱，但不仁。我们要注意，这里孟子讲爱不是指情感上的爱，而是爱惜或者不浪费，我们对一个东西的关爱表现为不浪费，不暴殄天物，这是君子对物的概念。君子对物没有仁这样的情感，仁这种情感适用于人民，包括陌生人。但是对一般的人民，我们虽然对他有仁爱，但并没有亲情，亲情是给家人的。所以，在这样一个儒家的理想世界里，虽然要关爱所有的人甚至所有的物，但是这种关爱是有等级差别的。对亲人是亲，对人民是仁，对物是爱惜，这才是儒家爱有差等的表现。

当然这只是一个泛泛的区分，并不是一个先天给定的排序。具体的顺序，要在具体的情境下做出。但如果没有排序，世界就会混乱。在《孟子·滕文公下》中，孟子指出，现在天下大乱，杨墨的说法充斥了天下，“杨氏为我，是无君也”，就是杨氏只为自己，没有君，没有公家的观念。而墨氏是“兼爱”，是没有差等的泛爱，是无父也，也就是他没有把对父亲的爱跟对陌生人的爱区分开来。儒家是讲差等的，对家人、父亲的关爱，当然要超过对陌生人的关爱，孟子接着就说，一个是无父，一个是无君，都是禽兽，都不是人。然后孟子就说：“庖有肥肉，厩有肥马，民有饥色，野有饿莩，此率兽而食人也。”后来杜甫的诗里有“朱门酒肉臭，路有冻死骨”，基本上是孟子这段话的唐诗版。这里是说，如果任由杨墨的说法流行下去的话，最后富的人很富，穷的人要饿死，但是富人对穷人没有任何的关心，会进入一种“率兽而食人”的状态。因为富人的马养得肥肥的，但是路上有饿死的人，这相当于让马去吃人。这是他对杨墨说法的一个非常深刻的批判。

不过，如果我们稍微想一下，就会发现这里的一个问题。如果按他理解的，杨朱是极端自私的，自己过得好，旁人的死活，根本不去管，这种情况下，杨朱的思想泛滥以后，就完全可能出现“朱门酒肉臭，路有冻死骨”。但为什么孟子说以兼爱为核心的墨家思想泛滥以后，也会进入一种人人冷漠的状态呢？这个好像是非常反常识、反直觉的说法。为了理解这一点，我们要理解为什么孟子要坚持爱有差等而反对兼爱的观念。《孟子》对此没有进行更多的说明，但我们可以试着去推测。孟子的想法可能是这样的，对所有人都平等关爱的兼爱，虽然好听，但违反了人的本性，违反了自然秩序。就儒家来看，之所以能对他人关爱，是因为对家人的关爱。《论语·学而》里就讲，对家人的关爱和敬重（孝悌）是为仁，是对他人关爱的根本。如果用树来比喻的话，根总是要最牢固的，就像对家人的爱总是最强的。如果没有这种差等，就像是没有根的树，或者根基不牢的树一样，外观再枝繁叶茂，树也是一推就倒的。就孟子来看，墨子的兼爱，听来很美好，但其没有根本，所以就不可持续，注定要退化和幻灭。这不是说人们做不到，人们可能在一时的煽动下能做到这一点，但因为这是违反人类自然的，最终这种热情会幻灭，从大公的极端走向大私的极端。

比如，中国有一段时间推崇大义灭亲、大公无私。但因为它不自然，无法维持，结果在这种幻象破灭之后，在20世纪80年代，就有了自私化的倾向。著名的范跑跑，那个为地震的时候老师不管学生先跑辩护的人，就是在这种环境里长大的。所以，对孟子来讲，大公与大私，不过是同一枚硬币的两面，出墨就会入杨。大公注定要破灭，破灭之后就是“率兽而食人”的大私的状态。唯一能让我们摆脱这种极端之间激荡的，是儒家既泛爱又爱有差等的中道。

明代重要的儒家思想家王阳明，给出了孟子的爱有差等很好的表述。在《传习录》记载的一段对话里，他的一个弟子也对“爱有差等”的想法存有疑惑，就问王阳明，说大人与物同体，就是说理想中的儒家道德的典范最后要达到“民胞物与”的状态，万物都是他的朋友，与他一体，那为什么《大学》里又说对待不同对象要有“厚”“薄”的不同，有些要关爱多一些，有些要关爱少一些？

王阳明回答说，道理自然是这样的。他给了一个很好的比喻，他说你的整个身体是一体的，但是如果有人打你的脑袋，你会拿手足保护自己的头脸，这种情况下，你是不是要问虽然身体是一体的，为什么对手足就没那么关爱呢。虽然身体是一体的，但是我们对身体不同部位的关切，是有厚薄的差别的。然后他就更直接地阐释儒家的爱有差等。虽然万物一体，虽然说同时爱禽兽与草木，但是会割草去喂禽兽（牲畜），这种情况下是“又忍得”，是忍得去这么做的。类似的，对人、对禽兽都有一种关爱，但是“宰禽兽以养亲，与供祭祀，燕宾客，心又忍得”。就是说如果需要，可以把这些牲畜杀掉，去供养自己的父母，用于祭祀，而祭祀实际上也是供养自己的祖先，还有大宴宾客，也是会这样做的。人和人之间，对最亲的人跟路上的陌生人都是关爱的。但是，如果只有一点点吃的，“得则生，不得则死”，吃了就能让人活下来，吃不到就要饿死，在不能两全的情况下，你当然会救自己的亲人，而不会救陌生人。这都是很自然的道理。

儒家爱有差等的观念，王阳明就这样很生动、很直观地表达了出来。不过，这里要澄清一下，王阳明最后说：“及至吾身与至亲，更不得分别彼此厚薄。”就是说，我不能为了我自己抛弃亲人，因为儒家的道德要求我们超越自我，那么超越自我的第一步是对亲人的关爱，在这一点上不能退缩。除了自我跟家人之间不能退缩以外，其他的都有厚薄的差别，这样的厚薄差别是自然而然的。

反过来讲，如果没有这种厚薄差别，比如墨子兼爱的想法，才是不自然的。为什么这么说？我们可以举王阳明的例子。如果你只有一点食物，只能救一个人，在母亲和一个路人都要饿死的情况下，你会用这点食物去救谁？当然要先救自己的母亲。当代人常爱用的例子是，如果你最亲爱的人跟一个陌生人，都掉到了河里，你会游泳，你会游向哪一个？你当然会游向自己最亲爱的人。即使你也关心陌生人，在冲突的情况下，还是会选择先救自己亲爱的人。如果不是这样，在外人看来不但不会觉得你是一个多么大公无私、高尚的人，反而觉得你是一个头脑有问题的人。

第五节

亲亲互隐：儒家如何处理公私冲突问题

从王阳明对孟子爱有差等思想的发挥中，我们已经看到一个潜在的问题：当我们对不同对象的关爱或者责任之间发生冲突的时候，我们是不是都能排出一个符合儒家考量的序列？当人要淹死的时候，你先救自己的亲人还是先救一个陌生人，对这个问题的回答是非常明确的。但有时候差等的排序并不是那么明确，尤其在所谓的公私冲突的问题上。

儒家的希望是由私及公，由家及国。在这种延展的努力中，如果我们对他人的责任跟对家人的责任发生冲突的时候，尤其是家人对这种冲突要承担责任的时候，我们应该做什么样的选择，这确实是一个非常困难的问题。儒家并不是说为了家人的利益可以不顾一切，如果这样说的话，就像《孟子》讲的是没有权衡，“执一而无权”，这样是对“道”的伤害。现在很多人在批评儒家的时候认为儒家提倡家庭至上，对儒家缺乏一个最基本的理解的表现，儒家从来没有说家庭至上。很多时候家庭可能要优先，但并不等于家庭至上，我们同时要考虑其他的相关的人与物的利益。

这样讲比较抽象，我们来看一些具体的例子。《论语·子路》里孔子跟一个地方统治者叶公有一段对话。叶公提到了他们那里有个“直躬”的人。这里“直躬”怎么解释，有争议，但应该是一个被认为非常正直（直着身板）的人。他正直在什么地方呢？“其父攘羊，而子证之”，就是说他的父亲顺手牵羊，他出来作证。

这听来好像是法治精神的表现，是遵守法律、大义灭亲的一种表现。那么孔子对此的回答是什么呢？孔子说“吾党之直者异于是”。他自己没有任何统治的地方，所以他这里讲的“吾党”，应该指的是他想象的理想社会。在理想社会里，那个直的人应该怎么样呢？他说：“父为子隐，子为父隐，直在其中矣。”就是说，在一个理想的社会里，当父或者子有这种顺手牵羊的问题，父、子都不会去告官的，这才是直的一种表现。

乍一听，孔子似乎是鼓励人违背法律、破坏法律，在法律或者公益与私利相冲突的时候，他似乎是站在了家庭的一边。但这里有几点需要解释。第一点，我们可以明确地看到，孔子讲的是父子相隐，并不是五四反传统运动中所说儒家实际上是只强调子对父的孝，因为孔子说儿子犯罪父亲也不要主动去作证。父子关系是相互的，不是单向的。第二点，《论语》是孔子言行的记录，很多情况下他并没有对他讲的道理做更多的解释，显得言简意赅。所以，这种情况下，我们要替孔子思考，为什么他会提出这种一般人看起来会有问题的说法，其背后是否藏着微言大义？

面对经历千年考验留下来的经典，一眼看下来，如果我们觉得它的说法有问题，那么很有可能是我们没有理解它，而不是因为它犯了我们一眼就能看穿的简单的错误。回到这个例子本身，顺手牵羊（“攘羊”）是小罪过，孔子提倡的是要“隐”。“隐”是指不作证，并不是说父亲或者儿子合作去偷羊，这是一点。另外一点就是说，“隐”不等于说对父亲或者儿子的小罪过，不采取行动。在这里，我们面对一个两难：一方面对家人是有责任的，另一方面对外人、公家也是有责任的。在两种责任冲突的情况下，我们要进行权衡，试图找到一个能尽量履行两种责任的办法。这才符合孔孟的思路。因此，我们就来想一想，能满足私人责任与公家责任的最好的办法是什么呢？

告官是不是一个好的办法？如果父亲只是顺手牵羊，干了一件罪行并不是很严重的事情，我们就把父亲告到官府里。结果呢？他会被抓起来，会被惩罚。但惩罚以后他真的会改变吗？也许他将来再看见羊在路边走，确实不敢去顺手牵羊，但是他之所以不敢不是因为他觉得这件事是错的，而是害怕惩罚。在《论语·为政》里，孔子讲，用惩罚去改变一个人的行为，他虽然可能守法，但他会落入一种不知羞耻的状态，即“免而无耻”。一个社会如果充满了守法但是无耻的人，这个社会是危险的。因为他无耻，所以他不觉得犯法是坏的事情。只要有机会能犯法不被抓到，他肯定还要去犯法。并且因为连他的儿子也出卖他，所以他对社会不再有任何信任。一个充斥着无耻，连自己最亲近的人都不信任的社会，是非常危险的。

那什么才是一个更好的解决办法呢？虽然儿子不去作证，但是这不等于儿子没有其他办法去弥补父亲的过失，比如他可以劝诫父亲。《论语》和《孟子》里面都明确讲过，子女对父母的错误有劝诫、批评的责任。当然要在保持孝道的前提下劝诫、批评。在这种情况下，儿子第一件可以做的事是批评父亲，可以说我们不缺这只羊，你偷了别人的羊，别人损失很大，会觉得很难受，这样是不好的。将来别人偷咱们家的羊，你会怎么想？所以儿子可以进行批评，如果父亲不接受，儿子可以把这只羊还给失主，然后自己承担责任。父亲看到儿子承担了自己犯的错误的责任，他也许会心生羞耻，然后改过自新。

不去作证，不等于没有修正错误的行动。前面讲的修正的行动，私下劝诫、儿子承担责任等，可能比把父亲告到官府里更有效。如果父亲知耻改过的话，将来他会是一个守法且知耻的人，跟守法而不知羞耻的人相比，明显前者要更好。并且这样解决纠纷的方法，也不必占用公家的资源，用诉讼的办法解决问题，所以从各方面来讲这都是更好的办法。孔子讲亲亲互隐，并不是说为了家庭的利益可以不顾一切，而是说当家与国、私与公之间有冲突的时候，应该思考的是，哪种办法更好。这才是对儒家的正确理解。

"亲亲互隐"实际上是近一二十年在大陆院校产生了很大争议的一个观点。我觉得这个争议，其实曲解儒家、批评儒家一方的错误是非常明显的。之所以能争议这么长时间，是因为这种误解根深蒂固。

不过，孔子这里处理的例子是攘羊，顺手牵羊，听来不太严重，也不是重罪。我们想一种更极端的情况，如果父亲杀了人，并且不是误杀，是谋杀，这种情况下，儿子应该怎么做？对这样一个比较难以解决的问题，在《论语》里我没有看到对类似问题的处理。在这一点上，孟子知难而上，在《孟子·尽心上》里，他跟一个弟子有一段关于类似话题的对话。这个对话，处理的是一个假想的例子。桃应问孟子："舜为天子，皋陶为士，瞽瞍杀人，则如之何？"大家知道尧舜是儒家推崇的圣主，是道德人格的典范，而舜更是以孝著称。他的父亲叫作"瞽瞍"，"瞽瞍"是瞎眼睛的老头儿的意思，应该是一个绰号。也就是说，这个父亲很昏庸、很糊涂。后来瞽瞍又娶妻，并与之生了儿子象，是舜的同父异母的兄弟。这三个人试图谋杀舜，结果舜没被他们害死。瞽瞍不想让舜过上好日子，所以不允许他娶妻。舜则是"不告而娶"，就是背着他父亲、没有经得父亲的许可，就娶了妻子。《孟子·离娄上》里，孟子也谈到了这个问题。他说，在这种情况下，违背昏庸的父亲，实际上是孝道的表现，因为如果他是一个称职的父亲的话，他就希望儿子能娶妻生子。所以对父亲表面的错误行为的违背，其实是对父亲真实意愿的尊重，是孝道的表现。从这里可以看到，儒家的孝绝对不是愚孝。

知道了瞽瞍是一个昏庸的、糊涂的，甚至心眼儿不太好的老人，我们就可以理解，假想他杀了人，虽然是假设，但是可能也不是太离奇的假设。在这个假想的例子里，还有一个重要的人物叫皋陶，是舜做天子时候的“士”，相当于现在的检察长或者警察总长这样的职务。他负责抓罪犯、审罪犯、判罪。据说皋陶是非常能干的，也很讲仁义道德的一个“警察总长”。

桃应这里的问题是，瞽瞍杀了人，作为儒家理想人格的代表的舜应该做出什么样的反应？这是一个很难处理的问题。在这个例子里，对父亲的孝与亲情和对外人的责任发生冲突。并且瞽瞍是杀人，不是无关痛痒的小过。此外，舜还是天子，这种情况下，他对外人的责任又多了一层：不仅仅是陌生人之间的责任，还有为民父母的天子对他要关心的天下即这个广义的家庭里出现的问题负责。在这样的双重责任下，舜应当如何应对？如何调解这个公和私、家和国之间的深度冲突？

对这个问题，孟子首先回答说，“执之而已矣”，就是（让皋陶）把瞽瞍抓起来就是了。桃应可能觉得，舜应该禁止皋陶抓他父亲，所以反问：“然则舜不禁与？”孟子回答说：“夫舜恶得而禁之？”舜怎么能去禁止呢？

因为“夫有所受之也”，也就是舜的父亲应该被抓起来。这里，孟子说得非常明白，舜不能利用自己合法的权力赦免父亲。在舜的时代，乃至后来的封建或者中央集权时代，天子有合法的权力赦免罪犯。从这个意义上来讲，舜连自己合法的权力都没有利用，是因为他的父亲杀了人，应该承担责任。

这里我们很明显可以看到，孟子反对为了家庭利益而滥权，甚至合法但不合理的权，他都反对使用。前面提到的近年来对儒家亲亲互隐的争论，批评儒家的一方就指责儒家支持腐败，支持家庭至上的想法（也就是为了家庭利益，可以无所不做）。但孟子这里白纸黑字讲得很明确，儒家不但反对非法滥用权力，甚至那些合法但不合理的权力，孟子都反对舜去使用。所以说儒家支持腐败，是枉顾文本的妄言，是一百多年来对传统缺乏基本理解的结果。

我前面已经提到了，用儒家的经典解释当代社会是极有问题的。中国传统很复杂，儒家只是其中很重要的一支而已。并且，当代中国社会，是一百多年来反传统的结果。在这种意义上，当代中国社会的现象有多少是传统的责任？传统中国与儒家不是一回事，当今中国与传统中国可能也不是一回事。最重要的是，就《孟子》

文本来说，我们可以明确地看到，孟子反对滥用权力。

但是，虽然孟子反对舜滥用，甚至反对他用合法但不合理的权力来照顾家人，但是儒家毕竟对家人、对亲情也是重视的，这如何表达呢？这恰恰是桃应的疑惑，所以他接着问："然则舜如之何？"也就是说，那么作为孝道的理想象征的舜，他的孝道怎么表现呢？孟子的回答是"舜视弃天下，犹弃敝蹝也"，也就是说舜放弃自己天子的位置，像扔一双破鞋一样，然后"窃负而逃"，就是偷偷把他父亲背着，一起当逃犯，"遵海滨而处"，也就是逃到海边去。

这里需要说明的一点是，大家一看"海滨"，可能就想着三亚或者普吉岛的海滩那样的地方。但是我们要知道，《孟子》成书于中国农业经济的年代。在农业经济社会里，海滨是荒凉之地。这就是为什么孟子说要跑到海滨去，因为海滨是在文明之外，在天子管不到、追不到的地方，一个极端荒凉的地方。虽然舜放弃了做天子的荣华富贵，跑到了这么荒凉的地方，但是孟子还是说他会"终身䜣然，乐而忘天下"，要天天高高兴兴的，不要想着自己做了多大的牺牲。这就是他的孝道的表现。

《孟子》里还有一个例子，涉及舜的另外一个家人，他的同父异母弟弟象。在《孟子·万章上》里，万章问孟子，象天天想谋杀舜，但是舜对象到底是一个什么样的态度？一方面，孟子回应万章认为是舜把象给流放了的说法，指出舜是仁义的人，那么仁义的人不会想去报复自己的弟弟，不会去报复自己的家人。因此，他没有流放象，把象弄到了偏远的地方，实际上是给他弟弟一块封地，让他弟弟做了地方的领袖。这是舜尽自己家庭责任的表现。但这时候万章又问了，如果是这样的话，象是个坏人，其他的坏人，舜都是用各种严厉的措施予以惩罚，而对自己家人不但不惩罚，还给他封地，这好像不公平。封地的人被象这么一个坏人去管理的话，是不是也要受苦？孟子说，虽然封地，但其实也有流放的意思在里面，因为它是一个很远的地方，并不是特别好的地方，同时舜并不让象真的去管理封地，而是另外派人去管理，保证象不去祸害当地的人民。所以我们看到，舜试图在两种责任即对家人的责任与对人民的责任之间找到一个权衡。

当然我们可以对这样的权衡是不是好的产生疑问。我们可以批评孟子给出的解决方法，不是最好、最完善的。我自己就觉得，象这么坏的人不应该给他封到任何地方，哪怕不让他管任何的人民，也不应该去封他，不杀他把他养起来已经足够好了。我觉得象这个例子问题比较大。

如果我们仔细想想前面舜背负自己的父亲出逃的例子，我们也会发现一些问题。瞽瞍毕竟犯了重罪，这一罪行得到了什么惩罚？我们看到，他的父亲虽然没有被抓起来，但是毕竟逃到了荒凉的海滨。并且舜一方面尽了孝道，另一方面保证在这样人迹罕至的地方，他的父亲再也没有机会去犯罪了，舜也起到了看守他父亲的作用。同时他放弃了天子的位置，有代父受过的意思。所以他父亲还是因为犯罪付出了一定的代价。这个代价是不是足够呢？前面提到文本里讲舜“终身䜣然，乐而忘天下”，高高兴兴的不在乎放弃了天子的位置。但是，我们对受害者的家庭是不是应该有一点愧疚，有一点责任？这一点孟子并没有讲到，可能因为他这里想强调的是作为孝子的舜不在乎利益上的牺牲。

但是，毕竟在这段话里，孟子没有再谈到对受害人家庭的补偿。并且，更重要的是，舜不做天子了，天下人民怎么办？因为舜是一位圣王，他不管理人民的话，人民是不是要受苦？对此后代的一些注释者提出一种解释，说前面提到的皋陶也是一个少有的仁者。所以，虽然舜放弃了天子的位置，但是皋陶会继任，会照顾好人民。从这个意义上来讲，人民也得到了照应。但是孟子自己没有提到这一点。如果我们接着《孟子》这段话来讲，我们可能应该进一步指出，舜放弃自己天子的位置，跟父亲住在海滨一个荒凉的地方，从自己到父亲都有种变相受过、变相被流放的意义在里面，只是没有面对更高的惩罚而已。同时舜对受害人的家庭还有一种负疚感，比如他定期寄点海鲜过去，表达负疚的情绪。舜在走之前给皋陶留了一封信，让皋陶好好管理人民，并且他知道皋陶能管理好，所以他这样走能放心。经过这样的补充，这个故事可以讲得更加完满一些。

我们上面讲到，在亲亲互隐的例子里，孔子也没有展开讲。但是，整个《论语》言简意赅。当时的对话者叶公并没有继续去追问他，这种情况下孔子没有多说，可以理解。孟子是个话多的人，孟子没有进一步解释这个问题，并且这里的桃应也好，还是另外一个例子里的万章也好，实际上对这两方面都提出了问题，孟子本来可以给出一个更充分的解答。在这种情况下，我们可以批评孟子，他的回应，他对公私之间的权衡不够充分、不够完美。

虽然儒家的处理也许不够完美，我们需要去把它变得更加完美，但是儒家在面对生活的复杂性，面对人类道德生活里的种种疑难时，比很多其他的思想家，要走得更远、更深一些。与此相对，有些思想家基本上是一根筋，抱定一个原则，比如德国思想家康德。他是西方最重要的哲学家之一。他就指出，如果不撒谎是道德责任，那在所有的情况下都不能撒谎。哪怕是一个谋杀犯想杀一个人，这人藏在你的屋子里面，谋杀犯敲门，问这个人藏没藏在这里，这种情况下你如果是一个有道德责任的人，根据康德的说法，不能撒谎，必须告诉谋杀犯他想杀的人就藏在你的屋子里。这个例子实际上是他自己给出的。在这样一个责任冲突（保护藏在你屋子里的人和说真话）的例子里，他拒绝了找到冲突的权衡解决方法的努力，而是要坚持某一道德原则。

当然，康德也是一个非常深刻的思想家。他有自己的一套道理。但是，他与孟子的对立，在这里是非常明显的。在这样的情境下，儒家承认责任间的冲突，并试图对这种道德冲突给出一个尽量完美的解决方法。我们可以对他给出的解决方法予以完善，但是我们要承认他们面对冲突的勇气和这种试图解决冲突的智慧。

另外还要说明一点，孔孟给出了一些解决方法，但这些办法不意味着是普适性的。生活是复杂的，每个具体的例子里都有很多具体的条件，我们要具体问题具体分析。但同时，虽然生活复杂，并不意味着我们只能去摸着石头过河。《论语》《孟子》给出的这些例子，实际上起的是示范性作用。虽然它们没告诉我们在每一个具体的生活的复杂的情境里，怎么对这些道德冲突给出一种解决方法，但他们给出的例子可以帮助我们思考，给我们指出方向。

对待这些问题，孔孟还是给出了总的原则：要尽量地泛爱、尽量地兼顾不同的责任，并且在不同的责任之间要权衡，爱要有差等。同时，通过一些具体的例子，我们可以了解这些原则的具体展现和应用，让我们慢慢提高处理道德冲突的能力。换句话说，孔孟给出的这些例子就像做数学的习题一样，习题做多了，慢慢地看到新题我们就也会解答了。

当然，这些例子，可能还有缺陷。并且，即使是《孟子》给出的瞽瞍杀人的例子，也还是没有把这种冲突推向极端。比如，我们可以想象，如果舜本人负有要把谋杀犯，也就是他的父亲抓来的责任怎么办？《孟子》里没有给出这样的例子，儒家的经典里，也没有非常直接的例子。最直接的一个例子是在《史记》里记录的一个事件。楚国有一个叫石奢的人，做着相当于“警察总长”的工作。他听说有人谋杀人，就去抓这个谋杀犯。结果追上了以后发现，这个谋杀犯是他的父亲。这种情况下，他对公的责任和对私的责任产生了最激烈的冲突。他最后决定把父亲放掉，然后他回到楚王的宫廷承认自己渎职，请求处罚。楚王就说，你是个孝子，我决定原谅你。但是石奢说，虽然您可以原谅我，但是我不能原谅自己的渎职。他要为自己的渎职承担责任，怎么办呢？他自杀了。这是一个非常惨烈的例子。这样一种惨烈的结果，可能恰恰展示了在一些极端的情况下，公与私之间的冲突是无法解决的，也就是俗语所讲的忠孝不能两全。虽然有这样非常极端的情况，但多数情况下我们还是能在忠与孝、家与国之间找到一个尽量完美的解决方法。儒家做出了非常真诚的努力，也是对人类社会复杂生活的承认，对人类道德疑难的解决做出了重要贡献。

第三讲

儒家的天下体系

第一节
仁政与国家富强

在上一章里我们看到，恻隐之心的引入，可以作为陌生人社会如何凝聚的一个解决办法，为统治者管理人民事务提供了动机。恻隐之心外推的理想极限，是普遍而有差等的爱。但是，这样一种普遍而有差等的爱，在家与国、私与公之间的矛盾情境下，需要给出应对的办法。孟子意识到了这一问题，并且通过一些例子试图给出他的权衡，试图给出一个照顾不同责任的解决方法。如果我们把这样的关爱进一步外推，就会推到如何处理本国与他国之间的关系。这种处理，会帮助我们进一步回应国家内部的凝聚问题，国与国之间关系处理的问题。

在我们考察从孟子思想出发对国家认同与国际关系的处理之前，让我们先描述一下很多人认定的走向现代国家的必要模式，即西方近几百年来形成的主权国家、民族国家的观念。大家对民族—国家（nation-state）中的民族有不同的理解，但是对后发国家影响最大的是以血缘为基础的民族，或是种族的观念。我这里会专注于这种比较狭隘的民族—国家观念。这一观念的好处在于它内部凝聚力比较强，因为它内部是一个（想象的）民族，一个种族，一个大家庭，而外面是陌生人。这样一种凝聚政治实体的办法，凝聚力可能会比较强，甚至它对国内的人会非常仁慈。但是它的问题是，它对内王道，对外霸道，对外一点道理都不讲，可以为了本国利益不顾一切。比如比利时曾经有一个国王，他在国内推动法治、人权的发展，同时又在非洲强力殖民，是残害非洲人的罪魁祸首之一。这看起来非常矛盾，但是在民族—国家的逻辑里一点都不矛盾，因为虽然我可以照顾本国人民，但是在本国人民利益至上的条件下，外国人的福祉可以彻底被忽略。这样的矛盾会进一步产生另外一个问题，即国际纷争。尤其是对一个后来崛起的大国，如果按民族—国家的逻辑，它自然想在这个世界里占有更多的利益，但是很明显，其他的民族—国家并不想把利益给它，于是崛起的大国与既有势力之间就会有冲突，甚至导致所谓的修昔底德陷阱。修昔底德陷阱到底有没有，成不成立，很难说。但是很明显，当大家都遵循民族—国家的逻辑，都为了国家利益可以不顾一切的话，那么一国的崛起必然会打乱世界原有的秩序，这也是困扰当今中国的一个问题。

同样处在实质上的主权国家林立的状态下，孟子提出了普遍而差等之爱，也许可以解决上面的问题。像我们前面展示的，孟子的泛爱观念并不像梁启超批评的那样不能包含爱国的观念。因为爱有差等，所以对儒家来讲，对本国的爱当然要超过对别国的爱。但是，虽然对于本国的爱要更强一些，但是这不等于对别国的人民没有任何关切。我们对外国的人民还是有关切，只是没有对本国人民关切得那么强。如果我们对外国人的福祉没有任何关切的话，我们就失去了恻隐之心，我们的国家就不再是一个"仁"的国家，同时也不是一个（孟子意义上的）"人"的国家。这样的国家是不配存在的。这是孟子非常重要的一个观念，国家利益可以优先，但国家利益不能至上，每个国家还要尽到对外国的道义责任。这是对孟子理论的一种当代理解与阐发，或可称为儒家的新天下体系。

不过，上面只是非常简单的描述。下面，我们依据文本来具体考察孟子的观点。孟子认为，强盛不是一个国家的最高目的，一个国家也不能为了强盛不顾一切。《孟子·告子下》指出，现在这些服侍君主的谋臣喜欢说，我能为我的君主开辟土地、充实府库，我能为我的君主打仗，并且“战必克”，必然能打败敌人，这样的臣子被称为良臣。但是孟子认为，这些所谓的良臣在古代——古代往往指好的时代——实际上不是良臣，叫民贼，是坏人。他又说如果一个君主不去追求道义，不以仁为志向，让这样的君主富起来、强起来，就是让桀、纣这样的暴君富起来、强起来，这些“良臣”是在为虎作伥，帮助桀、纣让天下进入更加混乱的状态，让人民遭殃。

这里孟子的观点很明确。一个国家的最高追求不是强大，一个国家如果不行仁政，这样的国家强大其实是一件不好的事情，行仁政的国家强大才是好事情。这呼应了我已经提到的观点：一个国家可以追求自己的国家利益，但是一定要放在广义的儒家的“仁”的规管之下，仁高于国家利益。只有行仁道的国家才配强大，才应该强大，才值得强大。

这是孟子非常具有革命性的观点。这样的观点可能为现代民族—国家模式造成的冲突找到一条出路。同时，它并没有否定国家的存在、国家利益的重要价值，因此并不像所谓的世界主义（cosmopolitanism）所想象的试图超越国家。国家是人类存在的现实，强行的超越，就像由差等的爱变成兼爱一样，这是做不到的。欧盟就是世界主义的一种比较温和的努力。但即使如此，我们看到英国已退出欧盟，欧盟内部出现了各种各样的矛盾，所谓的世界主义模式遇到了障碍。儒家的国家利益观念，既不是彻底地否定国家的世界主义，又不是主张国家利益至上的民主国家模式，它确实是在两者之间找到了一条中道。这就像前面提到的孟子与杨墨的区别。民族—国家有点像（孟子理解的）杨朱的自私自利观念，为了国家利益不顾一切。世界主义像墨翟，它希望超越国家，对世界上所有人有同样的爱。一个太过现实，会导致纷争，甚至战争。另外一个太过理想，注定做不到并且会导致失败，而失败导致理想幻灭，反而让人对这种理想本身的可欲性产生怀疑，促发右翼民族主义崛起。前十年、二十年国际的全球化，超越国家的全球化，美国打着民主旗号解放其他国家，这样的做法看起来很好。但是在做不到的情况下，很容易让人产生怀疑、玩世不恭，甚至敌对的情绪。现在包括美国在内的全球都对这种世界主义的理念剧烈反弹。

如果只有这样一个像杨朱的民族—国家主义或者像

墨子的世界主义的话，我们就会处于动荡之中。而儒家试图找到一个中道，国强没有问题，但国强要以仁义为背景，没有仁义，国家强盛并不是一件值得庆贺的事情。在这一段里孟子还指出，如果不行仁道，也许能强盛起来，但是即使统一了天下，时间也不会长久。

在我们的印象中，孟子是一个为了道德理想可以牺牲一切，过度理想化的思想家。但是他的论证逻辑是，行仁道才能让我们真正强大起来。仁义与利益在理想状态下可以结合起来。他甚至讲，只要有仁道，这个国家必然可以一统天下。

在《孟子·梁惠王上》里，孟子与梁惠王有一段对话，这一对话是从梁惠王开始的。他说："晋国天下莫强焉"，就是说晋国是天下最强的。晋国就是三家分晋的晋，而梁惠王就是分晋之后的魏国的君主。因为魏国曾经建都大梁，所以魏王也自称梁王。那么，有些读者可能会有疑问，梁惠王实际上是魏惠王，他为什么又称自己的国家是晋国呢？这是因为三家分晋以后，魏国是最强的国家，所以他们经常称他们就是以前的晋国，其他两国可以忽略不计。梁惠王跟孟子说，他们国家本来是"战国七雄"里最强的。但到了他的手里，被齐国、秦国、楚国打败了，他的长子也死了，然后失去了很多土地。他觉得这是一件很让他羞耻的事情，他希望能报仇，他问孟子能不能帮他。

孟子的回答很有意思，他说："地方百里而可以王"，就是说你只要有百里见方的国家，就可以一统天下。大家想一想，虽然我们不确定当时一里有多长，但是百里见方，也就是相当于现在五十公里乘以五十公里左右的面积，也就是相当于上海或者北京一个大点的区的面积。当时中国大概只有现在中国的六分之一大的样子，但它还是很大的一片地域。凭北京一个区的土地就可以统一六分之一的中国，这个听起来很匪夷所思。

对此，孟子继续讲，怎么能一统天下呢？他说，"王如施仁政于民"，就是要行仁政。这里行仁政的具体措施包括"省刑罚、薄税敛、深耕易耨"，就是尽量不要严刑峻法，减税，鼓励人民耕作；在满足了人民的物质需要之后，"壮者以暇日修其孝悌忠信"，让那些工作的人，在闲暇的时候能去修习儒家的道德，让他们"入以事其父兄，出以事其长上"，他们既可以照顾好自己的父亲和兄长，也可以成为很好的臣民。在行仁政的情况下，这个国家"可使制梃以挞秦、楚之坚甲利兵矣"，就是说可以拿木棒子打败秦国、楚国武器装备很好的军队。

为什么能达到这样的效果？他说，"彼夺其民时"，就是指秦国或者楚国不让人民在适当的时机干农活。在农业经济里，什么时候干什么事情非常重要，错过了时机，收成就没有了。这样的话，人民就无法养活其父母，那么他的父母、子女、兄弟都处于挨冻受饿、离散的状态，由这样的人民组成的军队没有任何的战斗力。这种情况下，如果你去跟他们打仗，他们怎样能打得过你？最后孟子说，“仁者无敌”，就是仁者没有敌手。在金庸的《鸳鸯刀》的最后，那两把传说中带着武林最大秘密的刀合在一起，上面写着的就是“仁者无敌”，就是《孟子》里的说法。孟子又说，“王请勿疑”，就是请梁惠王不要怀疑他的说法。

当然这里有几个问题，他凭什么说秦国跟楚国是处于穷兵黩武、虐待人民的状态？我想《孟子》里的讲法，并不是说秦国和楚国必然是这样的一种状态。他实际上是说，在什么情况下，才能去征伐其他国家。只有其他国家实行暴政，让人民挨冻受饿、陷人民于水深火热的情况下，才能跟它去打仗。所以孟子这里给的不是事实，而是规范，就是说什么样的征伐战争才是正义的、应该的。

即使这么讲，我们还会有疑问，一个地方百里的小国，凭着木棒子难道真的能打败一个具有良好军事装备与人马，但是行暴政的大国？这样的说法是不是太过理想？这恰恰符合了很多人心目中孟子太过理想甚至是迂腐的印象。但我们要知道，孟子的对话对象是梁惠王。他的魏国是“战国七雄”之一，甚至曾经是“战国七雄”里最强大的，并不是地方百里的小国。孟子最后也说，“王请勿疑”，说不要怀疑我，很明显，孟子在这里是意图鼓励梁惠王要相信仁义的力量。所以，孟子所说地方百里而可以王，我们不要太当真。并且他说的是可以王，不是说地方百里行仁政马上就可以统治天下了，这要有一个过程，一个什么样的过程呢？

在《孟子·梁惠王上》的后面一段，孟子给出了行仁政的国家如何变得强大的更具体的路线图。这里他的对话对象是齐宣王，另一个“战国七雄”的君主。他们的这段对话很长，其间孟子问齐宣王想要什么，齐宣王遮遮掩掩不好说，孟子就调侃了齐宣王几句。最后他说，我知道你想要什么，你想要开辟自己的土地，让秦国、楚国来朝拜你，来服膺你的领导，在这样的情况下，你成为华夏的领袖，并且能安抚蛮夷。而你想达到这样一个理想的途径是什么呢？是希望通过富国强兵，希望通过战争去打败对方。这样的做法，孟子说，这是在“缘木而求鱼”，这就是成语缘木求鱼的来源。齐宣王就问他，难道我的错误有这么厉害吗？孟子的回答很有意思，说其实您的错比这还厉害。为什么呢？您上树（缘木）去找鱼，虽然找不到鱼，但只是浪费了一点时间而已，也不会给您带来什么其他的灾害。但是如果您想通过战争的办法成为天下真正的君主，您越努力，越会有坏的后果。

这个听起来很奇怪，所以齐宣王就问他，怎么会这样呢？孟子就问，如果邹国人跟楚国人作战，谁能打赢？孟子就是邹国人，邹是一个小国，很快就要被灭掉了，楚是“战国七雄”之一，是大国。齐宣王说当然是楚国会打赢，孟子说，很明显，小国无法去打大国，寡无法去敌众。齐国虽然是一个大国，“战国七雄”之一，但是它只占了天下九分之一的地方。当时除了“战国七雄”，还有一些其他的中等的和小的国家。这种情况下，齐国想通过战争一统天下，等于用天下九分之一的力量去打天下九分之八的力量，这跟邹国与楚国打仗不是一样的道理吗？所以想通过战争来统一天下，实际上是搬起石头砸自己的脚，是玩火自焚的做法。

那么，什么才是正确的做法？孟子给出了仁政的蓝图，一个地方百里的小国如何王天下的具体途径。孟子没有天真到认为依靠仁政本身就可以让天下归附。国家当然还是要富强，但他所强调的，是仁政可以让富强更长久，并且不会像靠强力征服那样，最终搬起石头砸自己的脚。仁政达成的富强，是高质量的富强，是正当的富强，是“可欲”的富强。那么，仁政怎么能达到富强呢？孟子指出，如果行仁政，天下的士大夫都会来你这里当官。为什么会这样？因为你是仁慈的君主，是懂得赏识人才的君主，所以士大夫，像孟子这样的君子都会到你的国家来帮你干成一番事业。并且，在行仁政的前提下，“耕者皆欲耕于王之野”，农民都过来帮你开发尚未开发的土地；“商贾皆欲藏于王之市”，生意人也想到你这儿来做生意。实现这些的前提，就是在《论语》《孟子》中表达过的一种观点，是吸引农民、商人很重要的一个办法，就是减低人民的赋税。

这是很有意思的想法，我们一般觉得儒家支持强政府，强政府就需要征收重税。但是在《论语》《孟子》里，在后世汉代的一些争论中（比如收集在《盐铁论》里的儒生的观点），儒家都是站在“藏富于民”的立场上，就是要政府实行低税收，让人民富裕。人民富裕了，政府才能富裕；人民不富裕，政府靠横征暴敛达到的富裕是维持不了长久的。用现在的话来说，儒家的想法实际上更接近现代的市场经济，低税收，国家尽量作为人民从事经济活动的辅助者，而不是命令者、管理者。

接着孟子又说，还要让这些游走的人都喜欢来到你这个地方，为什么？因为你的地方政策让人放心，进出都比较方便，税收也很低，自然会吸引天下有才的人、能够创造财富的人、辛勤劳动的人。这样的办法，同时还能吸引那些对他们的君主不满的人到你这儿来，这样你的人口就多了。在农业经济时代，人口多了就意味着生产力提高了，这还不是一般的生产力，是有才能的人多了。政治精英、商业精英，还有辛勤劳动的人民多了以后，你的国家自然就富强了，而且这种富强是能够长久的富强，有了富强的国家，你就可以慢慢地通过《论语·季氏》里讲过的“远人不服，修文德以来之”的办法统治天下。也就是说，你不要怕有他国的敌对势力，你如果干好自己的事业，行仁政，那么就有人会主动来投奔你。当那些想侵犯你的国家里的人，都到你的国家来了，它的威胁也就没有了。

我之后会讲到，儒家反对一人一票，或者说反对用手投票。但是这里我们看到，儒家坚决支持用脚投票。现在有人经常说国家的幸福指数，据统计，不丹是世界上幸福指数最高的国家。但这里主观随意的成分太大。从儒家的立场看，其实我们有一个很简单的测定幸福指数的办法。你可以做一个调查，在人民充分知情的情况下，可以问问他们，有多少人想留在这个国家，有多少人想移民到另外的国家，算算这样的比例就知道这个国家的人民是否真的幸福。

这是行仁政达到富强甚至统治天下的具体途径。当然，孟子的一统天下不是说非要在政治上、军事上把天下统一起来，而是作为天下的道德领袖，让儒家价值成为普适价值。儒家的大一统，是道德价值的大一统，不是政治的大一统。

第二节 行仁政的小国如何自卫

从上一节的论述可知，孟子所讲的“地方百里而可以王”，是对大国君主讲的，意在鼓励。并且，在行仁政的基础上，通过仁政带来的富强，达到王天下的结果。但是，如果一个小国连自保都没法做到的话，它连行仁政的环境都没有，更别提王天下了。孟子并不是有些人以为的那么天真，他对这些基本政治现实是有认知的。当孟子真的跟一个小国的君主对话时，“地方百里而可以王”这种鼓舞式的语言就找不到了，能找到的都是很现实的语言。这样也佐证了我们前面提到的他对齐宣王、梁惠王讲的行仁政就可以王天下的话乃是鼓励之辞的判断。

他对小国君主是怎么说的呢？在《孟子·梁惠王下》里，孟子与小国滕国君主滕文公有三段对话。大家知道，古代帝王、诸侯等去世后，后人会根据他们的生平事迹、品德修养进行评定，给出一个谥号。这里的文公的“文”，基本上是对一个君主最高的评价。因此，从谥号可以看出，在后人眼里，滕文公是一个很好的君主，我们也看到他依然自称“公”。要知道，战国时代很多国家的君主已经彻底背弃了封建时代的礼教而自称王，而在封建时代只有周王是王，其他的小国君主只是周王底下的诸侯而已。滕文公在战国时代还坚持称自己为“公”，表示他对传统的尊重。因此，多种迹象表明，滕文公也许不是儒家的理想君主，但应该是一个不错的君主。

滕文公所辖的滕国确实是个小国，它处在齐、楚之间，两个强国都对滕国造成了威胁，滕文公请教孟子如何自保。如果孟子真是天真到认为只要行仁政、“地方百里而可以王”，他就应该这么去回答滕文公。但是，在这三段对话里，我们根本找不到“地方百里而可以王”这样的说法。对滕文公的问题，孟子给了两个回应。在第一个回应里，关于滕文公问的到底要跟随齐还是跟随楚，孟子说这是谋略的事情，他不太擅长。但滕文公非要问，孟子的回答是：“凿斯池也，筑斯城也”，就是把你的护城河挖得更深一些，城墙建得更高一些。所以我们看到，孟子跟梁惠王所说，应该是纯属鼓励。真的面对一个行仁政的小国君主，孟子的回答是要发展军事。当然如果只是发展军事，这跟儒家就没有太多的关系了。孟子下面说的一段话，很有儒家精神。在增强军备的同时，如果你和你的人民共同守护城池，“效死而民弗去”，就是民众宁可献出自己的生命来保护国家，也不离开，那么，孟子的结论是，“则是可为也”，这就有办法了。因此，孟子给出的第一个回答，就是誓死捍卫国家。誓死不是说逼着人民为了保卫国家而献出自己的生命，而是你的人民自愿为国家献出生命。

有意思的是，作为法家思想代表人物的韩非子，也讲过小国如何自保。在《韩非子·五蠹》里，他也说要让人民誓死保卫国家。但是他用的说法是“致其民死以坚其城守”，说的是逼迫人民为国家献出生命。虽然听起来很残忍，但是韩非子应该指的是通过赏罚，可能是通过比如威胁不死守的人的身家性命这样比较残忍的办法，也可能是通过重赏之下必有勇夫这样相对“温和”的办法，来逼迫人民为国捐躯。孟子虽然也希望人民誓死保卫国家，但这必须是人民心甘情愿的，而不是威逼利诱的结果。这是孟子与韩非子的一个很重要的区别。

上面是孟子给出的第一个回应。他的第二个回应是什么呢？孟子讲，周的先祖大王（太王）领导一方人民，结果，“狄人侵之”。狄是蛮夷的一种，来侵犯他们。开始他们给狄人一点贿赂，狄人不接受，还想侵犯，然后他们就加重贿赂，但是狄人还是不接受。最后太王就对他的人民说，这些夷狄想要的是我们的土地，而我听说“君子不以其所以养人者害人”，就是说君子之所以要保护土地是为了用土地去供养人民，但是如果为了保护土地，却把人民害了，这就没有道理了。他就说我不能为保护我的领土，然后去残害在领土上生活的人民，你们有没有君主其实无所谓，干脆我离开就是了，夷狄想要占这个地方就占吧。

然后他就离开了那个叫邠的地方，来到岐山之下。这时候那些原来跟随他的人民说，“仁人也，不可失也”，就是说，这是一个仁慈的君主，我们不能离开他。“从之者如归市”，就是跟着他走的人就像赶集一样。当时市集是热闹的地方，大家去市集是很高兴的事情，所以这里表达的是人民心甘情愿跟随他。

跟着太王之后怎么样了？在这一段话的前一段，孟子给出了一个更详细的描述。如果仁慈的君主带着人民能找到一个安全的地方，并且他能继续做善事，那么“后世子孙必有王者矣”。也就是说，这样一代一代传下去，他的国家富强起来，自然会有一个能够王天下的领袖，就像周朝最后取代了商朝，成为天下领袖一样。

这里孟子似乎又乐观起来。但是，我们仔细阅读这一段会发现，孟子说了“后世子孙必有王者矣”之后，他马上加了一句：“若夫成功，则天也。”也就是说，这件事如果能成功的话，还需要天命，甚至运气的帮助。换句话说，一个行仁政的小国能否自保，并没有绝对的保证，这里有运气的因素。

回到前面我们已经讨论过的那一段，讲君主与人民誓死捍卫国家，虽然“则是可为也”，但这并不是说国家是能守住的。但是，即使守不住，即使被敌人击败，至少这个仁义的君主及其人民死得有尊严，像人一样地死去。自古人生谁无死，至少能死得有尊严，能成为后世的榜样。

我们经常认为孟子比较天真，比较浪漫，过度理想，而法家的韩非子是非常现实的。但韩非子在对小国的自保的讨论里，说小国通过法家的那套必然能成功。在这一点上，孟子可能比韩非子还要现实一些，孟子说小国自保其实有很多运气的因素在里面。但即使运气不好，国家没保住，我们也要死去，那么就让我们死得光荣，死得有尊严，这是我们保证能做到的。

总之，面对外敌威胁的小国要自保，孟子给出的一种选择是大力发展军备，行仁政，让人民能心甘情愿誓死捍卫国家。守住了最好，守不住至少死得有尊严。另外一种办法就是到一个安全的地方。如果能幸运地找到这么一个地方，并且继续发展，最终也能获得安全，甚至“王天下”。不过，就第二种选择来说，孟子指出，也许有人会说这片土地是世代传下来的，不能随意放弃，所以只能用第一种选择。对此，孟子没有给出他的倾向，而让滕文公自己在两者之间做出选择。这是孟子对行仁政的小国如何自保的说法。

一般来讲，任何一个国家在被侵犯的时候，都会说自己被侵犯，他国是不正义的。现在的主流观点也认为，任何自卫战争都是正义的。但这里孟子其实隐含地给出了自卫战争的一个正义的标准：并不是所有的自卫战争都是正义的，只有行仁政国家的自我防卫才是完全正义的。

当然，任何一个国家被侵犯的时候总会说，我们有多好，你侵犯我是多么的不对。但是，从孟子这里的讨论所见，行不行仁政，挨打对不对，不是靠说来决定的。那靠什么来决定呢？如果你决定保卫你的国家，我们就来看看人民是不是自愿想来保卫你的国家。如果他们自愿，就说明你行的是仁政，人民宁可献出自己的生命也要保卫他们的国家。另外一种可能性，如果你决定迁徙到别的地方，人民是不是跟着你走。如果人民跟着你走，也说明你是行仁政的国家，你被攻打是不公平的、不正义的。比如，《三国演义》为了突出刘备的正义形象，也是说在他败走的时候，百姓都要跟着他走。这不一定是史实，却可以见出孟子思想的力量。

当然，这种标准可能太高，绝大多数的自卫战争无法达到这一标准。但哲学家提出来的是一个理想，是一个标杆。用这个理想，用这个标杆，我们可以去测量现实世界里一个国家的自卫战争的正义性，也许他们的自卫战争百分之八十是正义的，百分之二十是非正义的，甚至彻底是不正义的。如果是最后一种情况，这样的国家就完全不值得防卫了。这样的例子，我们在下面的讲述里会看到。

第三节 什么样的征伐战争是正义的

从上一节我们看到，在论述小国如何自卫上，孟子并不像我们想象的那么天真，认为凭借仁政小国就可以自保，他还是强调军备的重要意义。同时，孟子也不认为任何自卫战争都是正义的。只有行仁政的国家施行的自卫战争，才是完全正义的。每个被攻打的国家可能都说自己是个好国家，那么它是不是好，要有一个标准去判断，孟子给出的标准就是，人民如果自愿拼死保卫国家，或者当这个政府因为打不过要逃跑的时候，人民愿意跟着政府走，这是行仁政国家的一个判据。

当然现实政治里能达到这样标准的国家可能没有，但是这并不影响哲学家提供一个理想。就像物理学提供了一米的标准，但可能现实世界中真正能符合一米长、不多不少的东西很少，甚至没有。但是，提出这样一个一米的长度标准，还是有重大意义的。

对小国来讲，哪怕行仁政，能自保也不容易。如果是大国，强国，自保不成问题。那么，什么情况下这个大国才可以去征伐另外的国家呢？孟子对此做出了非常详尽、深入的讨论。

《孟子·公孙丑下》里提到，有个叫沈同的人问孟子，是不是可以征伐燕国？沈同我们不太清楚他是谁，大概是齐国的一个大臣。他为什么会问这个问题呢？因为当时燕国发生了很重要的变化，燕国的君主子哙把自己的王位让给了子之，而子之并不是他的合法继承人。孟子是如何看待王位的传承呢？我们后面会讲到。这里我简单断言一下，这样的转让，就孟子来看，是不合法的，并且这种转让带来了很糟糕的结果，燕国大乱，人民受苦。这种情况下，齐国大臣问孟子，是不是可以征伐燕国？孟子回答说，是可以征伐燕国的。于是齐国就去征伐燕国。后来就有人说，孟子支持齐国征伐燕国。有人问了孟子，你是不是劝齐国征伐燕国？孟子说没有。为什么说没有呢？他说，因为沈同问他的是燕国可否被征伐，他的回应是可以。但是如果沈同接着问，谁可以征伐燕国？孟子说，我会回答："天吏"，老天派下的官吏。这就如同有人问我，某个人是不是可以杀，我说可以杀，但这不等于说随便一个人就可以杀他，而是要“士师”。他这里提到了士师是司法官，是有合法权力处死罪犯的人。类似的是，征伐一个国家也需要有合法权力的实体做出，孟子称之为“天吏”。

当然在这里，孟子的处理是很圆滑的。因为沈同去问他的时候，明显是想问齐国可不可以伐燕国。他应该主动、明确地指出，齐国是不可以伐燕的，但是他没有。我认为，对齐伐燕，他是要承担一定责任的。但不管怎么样，他的立场是比较清楚的，就是说只有“天吏”才可以去征伐另外的国家。这个天吏是谁呢？天吏当然要有实力去征伐另外的国家。但孟子明显暗示，天吏有一种合法性。在什么样的情况下一个有实力的国家才能去合法地征伐另一个国家呢？在《孟子·梁惠王下》里，他对天吏做了具体的描述。

齐国征伐了燕国，并且打胜了。胜利以后，齐宣王就问孟子，我到底要不要占据燕国？有人说要占，有人说不要占。我自己觉得齐国和燕国都是大国，都是“万乘之国”，结果五十天（“五旬”）齐国就把燕国打了下来，人是做不到这一点的，必然是有老天相助。在这种情况下，我如果不攻占的话，就违背了老天的意志。很明显，齐宣王想为他吞并燕国找合法的理由。

对此，孟子指出，什么情况下征伐和占领另一个国家是合法的。孟子说："取之而燕民悦，则取之，取之燕民不悦，则勿取。"就是说占领是否合法要根据被占领国家的人民的意愿来判断。如果被征伐国家的人民想让你占领，你才能占领；他们不想让你占领，你就不应该占领。

但是，一般来说，一个侵略他国的国家，都想说侵略那个国家是要行使某种意义上的正义，甚至也会说被侵略国家的人民是想让他们来占领。我们知道"二战"的时候，日本人侵略中国，也说是帮助中国人，打造大东亚共荣圈。孟子所处的战国时代，很多国家的侵略战争也是打着正义的旗号，所以孟子对这一点深有体会。因而他接着指出，人民是否乐意，要以具体的标准来判断，不是随侵略者的宣传来决定。什么具体标准呢？人民"箪食壶浆"，就是如果人民挑着好吃的、好喝的，"以迎王师"，来欢迎"征伐"他们的王者的军队，那么，这种情况下就只能说明被征伐国家的人民在"避水火"，也就是说，这个国家的人民处在水深火热之中。

换句话说，征伐是否正义，要看对方的人民是否处于水深火热之中。而人民是否处于水深火热之中不是由征伐者来决定的，而是由被征伐国家的人民自己来决定的。如果国家被侵略的时候，人民不但不去保卫自己的国家，反而出来欢迎侵略军的话，那就说明这个被侵略国家的暴政已经达到了一定的限度。达到这个限度以后，征伐这样的暴政国家是正义的行为，而保卫这样的暴政国家是不正义的。最后一点，我们上一节已经提到了，就是并非所有的自卫战争都是正义的。保卫一个彻底不仁的国家是彻底的不正义。同时，正义征伐的前提是人民的欢迎必须是自觉自愿的。日本侵华的时候，他们逼着中国人欢迎日本侵略军。不过，从留下来的照片看，“欢迎”日军的中国人脸上都没有笑容，或者勉强挤出一丝笑容。这种情况下，人民的“欢迎”当然不是真诚的。

并且，因为人民处在水深火热之中，有可能会有病乱投医，认为任何的征伐者总比现在的统治者要好。但是，也许征伐者来了以后，人民发现这些征伐者其实比以前的政府还糟糕。这种情况下，孟子也讲到，如果你占领了这个国家以后，人民感觉到“水益深、火益热”，你是可以被换掉的。

这里孟子给出了征伐战争是否正义的一个根本标准，即看对方的人民是否接受，而接受表现为心甘情愿地、长久地欢迎征伐者。这也意味着，即使某个国家不是行仁政的，即使人民在受苦，但只要这种苦难没有苦到让人民准备欢迎任何征伐者的时候，就不应该去征伐或者“解放”这个国家，哪怕是出于好心。

这听起来是一个很冷酷的观念。现在一个流行的说法叫人权高于主权。当人民的权利受到侵犯的时候，我们可以无视这个侵犯人权的国家的主权，去干预甚至征伐这个国家。比起这样的说法，孟子的说法好像要更残忍、更冷酷一些。但是我们看一看，这个世界上有些国家打着人权高于主权的旗号去解救人民的时候，虽然这些人民在受苦，但他们没有苦到已经准备好与统治者决裂。在这样的条件下去征伐一个国家，不但没有解救这些人民，反而把人民推向了统治者一边，让他们在征伐者和不太仁义的统治者之间，选择了后者。

这里举一个例子，就是美国发动所谓的解放伊拉克人民的战争。伊拉克人民确实在萨达姆统治下受了很多的苦，但是在他们没有准备好去欢迎任何“解救者”的情况下，贸然去“解救”，反而把这些人推向了那个暴力的政权。即使他们不想去保卫萨达姆，他们也不喜欢侵略军。这造就了从小布什时代开始打了十多年都没有结束的一场战争。美国的军队及其盟军付出了惨重代价，伊拉克人民也付出了非常惨重的代价。

因此，孟子看似冷酷的说法，其实是在正视现实的前提下，更能照顾到人民福祉的主张。这样看来，孟子是一个非常具有现实精神的政治思想家。在他看来，只有人民处于水深火热之中，并准备好欢迎“正义之师”的时候，你才能出于救民于水火的意愿去解放这个国家。

上面是他给出的正义的征伐战争的一个具体标准。在其他地方，他还给出了另外的标准。据上面讨论的《孟子·梁惠王下》的那一段的下一段的描述，齐国人把燕国征服了，征服以后，其他的诸侯想去救燕国。齐宣王就问孟子，他们要来讨伐我，怎么应对？孟子的回答是，因为你占领燕国明显是想以此为跳板，慢慢地蚕食其他国家。你不行仁政，想靠强力去征服天下，必然招致天下的反抗。这种情况下你不应该再去占领燕国，而是要想办法扶持一个仁义的君主让燕国复国。

那么，什么情况下的占领不会遭到其他人的反抗呢？在孟子给出上面的回答之前，他举了历史上的例子。他说，奠定商朝基础的君主商汤是怎么去开始他的征伐的？他的征伐是从一个相邻的国家葛国开始的，并且获得了天下的信任。怎么获得天下的信任呢？“东面而征，西夷怨；南面而征，北狄怨。”商汤往东边打的时候，西边人抱怨；往南边打的时候，北边人抱怨。抱怨什么呢？“奚为后我？”就是为什么你不先来打我，不先来解放我？当你的征伐战争得到了我们现在所说的国际舆论的认可，其他国家不但不反对你的征伐战争，还反而希望你能先过来征伐他们的国家。人民对你过来征伐他们国家的渴望就像“大旱之望云霓”，就像久旱期待甘霖一样。汤来了以后，去除了坏君主，抚恤人民，“若时雨降，民大悦”。这种情况下，人民就会说，我真是盼望着我的救世主到来，来了以后我就得到解放了。因此，一场征伐战争如果是正义的，不但要得到被征伐国家人民发自内心的支持，这种支持还必须是长久的，并且还要得到国际舆论的支持。

在《孟子·滕文公下》里的一段话，孟子给出了更全面的说法。在这里，万章问孟子，宋是一个小国，现在开始行王政，齐国和楚国都不喜欢，要征伐它。宋应该怎么办？这里孟子就讲了一个通过行仁政而王天下的故事。

在讨论我们关心的征伐的话题之前，让我先回答一个可能的疑问。我前一节里讲到，孟子没有那么天真，对小国的君主并不讲行仁政就可以自保这样鼓励的话。那么，如果宋真的是小国，孟子怎么又开始讲行仁政就可以王天下了呢？实际上，在孟子那个时代，宋国是一个中等的国家，并非前面提到的滕国那样，是一个小国。

并且在孟子在世的时候，在君偃的统治下，宋国打败过齐、楚、魏这样的强国，差点就成了战国诸雄之一。但是，君偃成功以后，沉迷于酒色，甚至射杀劝谏他的大臣，以至于得了“桀宋”的称号，就是像夏桀一样行暴政的君主，宋国也因而失去了成为强大国家的机会。

因此，虽然万章说宋是小国，但其实宋当时并不是一个很小的国家。很可能是在宋是一个崛起的国家的背景下，孟子才又开始讲要行仁政。他这里同样举的是商汤的例子，但描述得更加详细和全面。讲商汤征伐，孟子重复了前面提到的没被征伐到的国家的人民的抱怨与期待。同时，他也讲到了我们前面在另外的段落里讨论到的被征伐国家的人民的欢迎。但在这里，他把这种欢迎进一步细分，指出“其小人箪食壶浆以迎其小人”，就是说这个被征伐国家的人民挑着好吃的、好喝的，欢迎征伐军队里的士兵；同时他们的君子，就是他们这个国家的贵族，除了那个行暴政的君主之外，也用相应的东西来欢迎征服军队里的贵族（“其君子实玄黄于匪以迎其君子”）。因此，在这一段里，孟子给了最全面的说法，从被征伐国家到国际舆论，从君子到小人，都支持这一征伐。并且，前面我们还提到，这种欢迎要持久，而不是因为人民被蒙蔽，欢迎假仁假义的征伐者。

总之，就孟子而言，当另外的国家因为统治者的暴政，使得其人民处于水深火热之中，行仁政的大国有义务去救民于水火，去解放受苦受难的人民。这种情况下，这个行暴政的国家的主权没有任何合法性，孟子生活在战国时代，当时各国的君主都打着仁义的旗号，扩张自己的利益，孟子对此有深入的了解。对此，孟子给正义战争制定了一些标准，只有达到这些标准才能判断它是正义的战争，比如被征伐国家从上到下的衷心和长久的支持，以及国际舆论的支持。虽然我们讨论的是他举的历史上的例子，但是哲学家讲历史，很有可能不是真的在讲历史，而是在讲他心中的理想。因此，我们应该把上述的说法，当作孟子给出的正义征伐战争的原则与标准。

第四节
孟子式的国际关系体系

在这一节里，我会根据上述讨论，给出一套孟子式的从国家内部凝聚到国际关系的规范理论。但在讨论这一问题之前，我们先处理一些他的正义征伐战争理论问题。在上一节提到的《孟子·滕文公下》的那一段里，孟子给出了商汤如何开始征伐的具体讲述。商汤征伐最终得天下，是从对葛的讨伐开始的。当时汤在的亳这个地方，后来成为商的国都，也是商发迹的地方。亳与葛相邻，葛的君主葛伯不祭祀。商汤就问他，你为什么不祭祀啊？他说没有牛羊用来做牺牲。汤就给了他牛羊，结果葛伯把这些牛羊吃掉了，还是不祭祀。商汤又问他，你为什么不祭祀啊？他说我们没有米、酒这些东西，汤就让他的人民过去帮他耕地，并且给他米、酒这些东西。

结果葛伯率领他的民众把这些东西都抢走了，不给的话就杀掉。特别是，汤的臣民中有一个小孩，在给葛送饭的时候，被葛伯带人杀掉了，葛伯还抢了小孩的东西。汤终于忍无可忍，为了给这个小孩复仇，才开始征葛国。所以孟子说，商汤是为这个小孩寻求正义才开始征伐葛。

对《孟子》中汤征伐葛的故事，章太炎在《齐物论释》里给出了不一样的解释，并提出了质疑。他说商汤的做法其实是以宗教为名把别人给灭掉。牛、羊、米、酒这些东西，本来就不应该由外国来提供，应该由本国自己提供，并且本国祭祀不祭祀是该国自己的事情，跟外国没有关系。结果，商汤去干预别国事务，语带讥讽，讽刺完了还把自己的人民派过去，让葛伯担心这些人是间谍、是侵略者，最后在矛盾激化的情况下，葛伯不小心失手杀了对方的一个小孩，商汤就以复仇之名把葛伯的国家灭掉了。

章太炎给的解释，可能与他的历史环境相关。他生活的时代，不再是中国以华夏文明的象征去传播自己的高级文化，去驯服其他国家，而是反过来，当时西方国家打着文化、宗教、道德的旗号，欺负中国以获取利益。包括后来日本发动对华战争的时候都是以这样的借口，一个军官被炸死了，一个兵在卢沟桥上失踪了，然后去征伐。以这样的理由为征伐借口确实是非常可疑的。其实，前面提到的齐国伐燕，起因似乎也是燕王传位没有按照既定的规矩。但难道这就是征伐一个国家的充分理由吗？

总之，孟子给出的一些对征伐的描述，我认为是有问题的。如果我们要找到一个大家都可以接受的征伐的基础的话，还是要回到孟子自己的另外的说法，就是以人民的接受为标准。对孟子来讲，一个国家是否可以对另外的国家发动战争，其根本标准是“仁”。借用现在西方流行的“人权高于主权”的说法，孟子的说法应该是“仁责高于主权”，就是我们对仁义的责任要高于对主权的尊重。一个国家如果能照顾好自己的人民，并且对其他国家人民的利益也有所考虑，这就是他尽了自己的仁责，这样国家的主权才会被尊重。但是如果一个国家自己的人民挨饿受冻，并且枉顾它的国家责任，这个国家就部分地失去了其主权。如果人民已经准备好要谋反或者欢迎解放者，这个国家的主权就被减到了零。在这样的情况下，其他国家就可以正当地忽视这个国家的主权，征伐这个国家。但是征伐的理由不是因为其他，而是要救民于水火，要挽救这个国家的人民。这一点，要由被征伐国家的人民的反应和国际舆论来验证。

孟子的观念跟当代主流的战争观念是非常不一样的。拿美国第二次打伊拉克的战争为例。当时打伊拉克的最大借口是说伊拉克有大规模杀伤性武器，也有些人说美国人之所以打伊拉克是为了占据石油资源。对于后者，很明显孟子是绝对不会接受的。为了利益去征伐其他国家，在孟子看来，肯定不是正义的。

至于伊拉克有大规模杀伤性武器这个理由本身，倒是被当代几乎所有国家接受。如果一个国家对其他国家造成了“明确的和当下的威胁”，我们可以去打这个国家。美国也是以这个理由，赢得了一定的国际支持。但结果是打过去以后，发现并没有大规模杀伤性武器，因此有些人就说，美国发动战争是不正当的。但是从孟子的角度来看，即使找到了大规模杀伤性武器，这样的战争也是不正当的。因为以拥有大规模杀伤性武器构成了明确和当下的危险当作战争的理由，就孟子、孔子来看，并不是发动战争的合法理由，在《论语》里对类似的问题也有讨论。那么，应该怎么去面对这种外来的威胁呢？前面已经提到，“远人不服，修文德以来之”。当别人对你造成威胁，你好好把国家的内政搞好，提高国家的富裕程度、文明水平，吸引别的国家的人民来投奔。《孟子》里也讲过，要吸引别的国家的农民、士人、商人、行旅者和对自己国家不满的、寻求政治避难的人，他们如果都来你的国家，你的国人多了自然就强起来了，能人多了就会更强。这种情况下，外来的威胁就会消除。

因此，为了获得利益（比如石油），或者为了自身的安全，去跟其他国家打仗，在孟子看来不是一个可以接受的理由。只有一个理由孟子认为是可以接受的，就是救对方的人民于水火。其实在美国打伊拉克之前，有些人确实提出了这样的理由。有些所谓的新保守主义者指出，萨达姆统治下人民处于水深火热之中，我们打过去的话，人民会捧着鲜花来欢迎，我们也可以顺势把伊拉克变成民主国家，使它成为中东的民主灯塔。这样一个理由本身虽然不是完全的孟子式的理由，但是这是孟子相对可以接受的：征伐战争的正义性来自救民于水火的动机，而是否救民于水火，要看对方人民是否真心欢迎。当时的美国总统小布什也一再强调，我们不是占领者，我们是解放者。这也与孟子的说法相呼应。但不幸的是，当美国真的打过去以后，发现伊拉克人民并没有都捧着鲜花欢迎美军，而有些人是用炸弹来“欢迎”美军的。从这个意义上来讲，新保守主义者给出的理由是正当的，但是他们对现实的判断是错误的。

不过，这里还有一个比较困难的问题。在孟子的理想里，似乎暴政国家只有一个坏人，就是暴君。这个国家的其他统治者比如贵族和人民都是想被解放的。但是当代的国家，没有一个暴政国家是完全靠一个暴君去压迫人民的。暴政国家往往是靠一小撮人，甚至多数人去压制其他的人民的。在这种情况下，要征伐战争得到被征伐国家全体民众的支持，是一件不可能的事情。因此我们就要想办法，对孟子的理论做出修正。但这种修正很困难。我们要忽视那些暴政帮凶的人的意见，但这很容易造成忽视民意。并且，即使就那些受苦受难的民众来说，可能因为这个国家信息极度封闭，人民都被洗脑，他们还以为自己过的是好生活。在这种情况下，他们可能也会反抗带着好意的、意图解放他们的征伐者。对此，我们可以说，我们要看真实的民意，而不是这些人民在被欺骗的、被操纵的意见。但是，征伐者永远可以说，反对他们的人民是一小撮坏人，或者是被愚弄的人民，不代表真实的民意。因此，我们也许不得不换一种办法，更新孟子的理论。比如，一个正常人认为是不能忍受、希望得到解救的情况，比如大规模的内战、国家内部的种族屠杀、大规模的饥荒等，在这种情况下，我们就可以说，人民处于水深火热之中，等待解放。

因此，我们可以把孟子的标准变成一个可以执行、可以操作的标准。当一个国家发生大规模饥荒、内乱、种族屠杀的时候，其他国家就有合法的理由干预这个国家的内政。

在对孟子的国际干预理论进行了创造性重构之后，我们就可以系统地给出孟子式的国内凝聚与国际关系理论。就国内的凝聚，我们已经看到，一个重要的依据就是恻隐之心。恻隐之心是有差等的，对本国人的关心要超过对外国人的关心。所以孟子是承认爱国的。但是爱国不是绝对的。当一个国家行暴政的时候，这样的国家是不配被爱的、不配被它的人民去保卫的。

在凝聚问题上，孟子还有一个很重要的区分，就是夷夏之辨。我们现在理解夷夏的区分，或者华夏本身的含义，经常用“汉族”或者“中华民族”来理解。但这恰恰是被民族—国家概念“污染”以后的理解。民族—国家的民族，如果是血缘意义上使用的，其好处在于它的凝聚力比较直观、比较强，但其坏处在于它是极端排他的。但是战国时的夷夏之别，并不是种族上的差别。钱穆先生和其他历史学家都指出过，夏就是周的政治制度统摄下的人，夷就是在这一制度体系之外的人。在这种情况下，夷可以成为夏。《论语·子罕》里，孔子就表达过能用华夏改变蛮夷的信心。《孟子·滕文公上》里，孟子也指出，（通常被认为是蛮夷之国的）楚国人陈良，“悦周公、仲尼之道”，他喜欢儒家这套东西；“北学于中国”，到北边周的势力范围去学；北方的学者都赶不上他。孟子虽然没有直接说，但是很明显，他认为陈良是华夏的一员。他的学生陈相，可能是华夏一员的宋国的人，但是后来改为追随孟子认为很不好的一个学派，于是孟子暗示说，陈相因此就成了蛮夷。他说：“吾闻用夏变夷者，未闻变于夷者也。”就是说，我听说过夏把夷改变了，没听说过居然有夏的人去变成夷的人。在这个例子里，我们明显看到，夷夏之别是文明与野蛮之别，不是靠个人努力不可跨越的种族之别。

不过，在当时，华夏并不是一个国家，它有很多的国家。那么，不同的华夏（文明）国家之间如何区分？虽然孟子没有讲，但是常识告诉我们，它们是靠文化、语言等来区分，鲁有鲁文化，齐有齐文化。因此，根据一个孟子式的国内凝聚模式，国家是靠文化认同凝聚到一起的。在本国和外国的区分下，凝聚国家的另一种方式，是恻隐之心，因为是有差等的，会为一种弱的爱国主义提供基础。同时，不同的华夏国家之间要形成联盟，保卫文明人的生活方式，抵制野蛮。

在《春秋公羊传》里，有一句话很好地总结了这一模式："内其国而外诸夏，内诸夏而外夷狄。"在文明国家之间，因为恻隐之心的普遍性和差等性，本国利益当然是优先的，但又不是绝对的。在不同的国家之间，文明国家应该抱团，保卫文明、抗拒野蛮。这是一个儒家式的国际关系体系。它的根本原则是要以仁义为标准，仁责高于主权。这一体系的好处在于它具有一种开放性。比如，就国家认同而言，你只要接受一个国家的文化、语言、历史等，就可以变成这个国家的人。以种族为定义的民族和国家，你不是他的种族，就永远不会变成这个国家的人。

一个很有意思的例子是犹太人在中国被融合的史实，犹太人在世界上、在历史上几乎都是被别人欺负、被别人驱逐的。一个罕见的犹太人被和平同化的例子发生在中国，就是所谓开封的犹太人。他们可能是祖辈通过经商来到了中国。在中国待了很多年以后，也开始读四书五经，参加科举考试，变成了中国人的一员。这是一种软实力的同化。其实我们现在的中国人可以说是全世界最大的一个"杂种"民族，掺杂了很多种族。但是为什么我们都觉得自己是中国人呢？因为中国人是一个文化概念，不是种族概念。

很不幸的是，后来我们对国家的理解是从西方借来的，所以我们非常强调民族和种族。这样对像中国这样种族来源多元的国家的内部凝聚非常不利。并且，民族—国家一个特征就是为了自己的利益可以不顾一切，因此中国接受民族—国家模式，再谈和平崛起，确实不会让别人相信。在这样的背景下，孟子式的国内凝聚与国际关系体系（我称之为儒家的新天下体系），以文化、文明为核心来凝聚国家，强调国际责任，强调除了本国利益优先之外还要照顾他国的利益。这样一种儒家意义上的负责任大国的观念，更适合一个崛起的中国。从这种意义上讲，也许我们中国回到传统才能更好地变成现代国家的一员。

从《孟子》出发我们可以建构一个孟子式的国际关系体系，这个体系是以“仁政”为最终原则，一个国家的认同要靠两种办法解决。其中一种是文化的认同，认可特定的文化、历史、地理、语言、方言等，为什么要爱本国超过外国？因为爱有差等。同时在这些文明国家之间，负责任的大国应该形成联盟，维护世界秩序，用一个不好听的词，就是要当好儒家意义上的世界警察。这是一个孟子式的理想的国际关系图景，不但比现在的民族国家，或者联合国、欧盟的形式要更好一些，而且也能解决我们的一些很迫切的问题，比如中国国内的民族问题，比如怎么发展一套中国话语，打消其他国家对中国崛起的疑虑这样的问题。这种儒家的新天下体系，在国内认同与国际体系上，都有它重要的意义。

从第二章到这里，我们展示了孟子如何回到两个政治里面的非常关键、非常根本的问题：一个广土众民的平等的陌生人的大国靠什么凝聚起来？凝聚起来以后，国与国之间的关系，应该怎么样来处理？孟子的回答是，陌生人的凝聚，靠的是我们对陌生人也会有的恻隐之心、同情心。以家为基础，如果我们能够把这个同情心发展到极致，那么所有的陌生人，都能够通过同情心凝聚起来。但这种情况下，国与国怎么区分呢？国与国的区分，要依赖文化。比起某些民族—国家通过种族来凝聚，文化具有包容性。我们对自己国家的人，关爱会更强一些，这是因为孟子虽然希望我们能达到泛爱万物的状态，但即使达到这种状态，我们的爱仍然有差等。所以在这种情况下，爱国主义就得到了认可，但这样一种爱国主义不是为了自己的国家利益不顾一切的那种自私式的爱国主义，不是排他、进攻性的民族主义。它比民族和国家更具有包容性，更少排他性和斗争性。这样的模式，可以真正解决后起国家的和平崛起的问题。

在国与国的关系上，孟子认为，最高的原则是仁义。《孟子·梁惠王上》里讲，天下的安定要“定于一”。很多人认为“定于一”是指像秦以后的那种中央集权式的大一统。但从孟子对征伐一个国家的要求非常高的条件来看，我们很难想象，这个世界能按孟子的理想一统起来。因为如果这样一统起来，就必须假设只有一个绝对行仁政的国家，其他国家都是行绝对的暴政的。并且这个行仁政的国家，还有足够实力把其他暴政国家一一打败。这种情况在历史上几乎是没有的。

因此，在现实中，政治意义上的大一统很难做到。孟子讲“定于一”的时候，并不是说要定于一个政治上的一统，而是说我们全世界，都要遵循“仁义”的原则，以“仁义”为最高原则。如果以“仁义”为最高原则的话，国家主权与它是否实行仁政有关联，当一个国家不行仁政到了极点，它就彻底丧失了它的主权，其他仁政国家就有义务救民于水火。这是孟子对两个政治关键问题的回答。

第五节
义利与王霸

在孟子的国内政治与国际关系理论里面，他还有另外一套术语，就是所谓义与利、王与霸的区别。一个国家应该是追求利益，还是追求道义？通常的理解是孟子肯定站在道义一边。表面来看，孟子确实也是这样想的。《孟子・梁惠王上》（也是《孟子》的开篇）的第一段里，孟子去见梁惠王。梁惠王问他："老先生，你这么远来有没有什么东西能对我国有利？"孟子的回应，可以说不太礼貌，因为他顶了梁惠王一句："王何必曰利"，你为什么要讲利益呢？应该讲的是仁义。

为什么讲利益不好呢？他指出，如果你只想什么对于你的国家有利，那么你的臣子就会想什么对他们的家族是有利的，那么士、庶人就会问什么对他们自己有利，其结果就是“上下交征利而国危矣”。也就是说，上梁不正下梁歪，君主只追逐利益，会导致每个人都以个体利益为导向。大家都去追求自己的最大利益，这样的国家就危险了。类似说法在《论语·季氏》里也有。鲁国重要的季氏家族，为了自己的利益，为了保证自己的一个城不被另外的封建贵族威胁，决定打一场战争，把另外一个没有违反任何礼法、没有侵略意图的封建贵族及其领地灭掉。也就是说，为了利益，季氏家族可以不顾道义。对此，孔子说，其实季氏家族的威胁不在外边，而在其内部。他的意思是，当一个政治团体的领袖的所有考虑都是为了个人利益，他的随从也会先考虑自己的利益。当他们效忠君主的利益要小于背叛的利益，或者去篡位、投靠敌人的利益更大的话，他就会背叛君主。

与此相反，如果君主讲仁义，下面也效仿，这样人与人之间的关系就能理顺，一个国家就会变成一个合作互惠的整体。因此，君主不应该谈利益，应该谈仁义。

不过，孟子的说法是否真的成立？它听起来似乎非常正确。如果一个团体里每一个分子都以个体利益为目标，它就会变成一个不断内斗的团体。但是，“交征利”会导致不稳定的说法，并不能得出有仁义才能稳定这样的结论。比如，我们有句话讲，盗亦有道。如果一个强盗团伙一点规矩也没有，每个人都为了自己的利益，可以随意出卖、坑害别人，这个团伙绝对不可能成为一个成功的强盗团伙。一个成功的强盗团伙应该是对内有规矩，对外不择手段、胡作非为。强盗团伙是这样，很多有侵略性的国家、民族也是这样。比如蒙古人征服世界的时候，他们对外非常残忍，但是对内他们是有规矩的。

因此，孟子说如果一个团体内部完全以利益为导向，没有任何其他原则，这个团体整体的利益是没法得到维护的，最终其实是互相伤害，这一点是成立的。但是这样并不能得出，只有靠孟子意义上的道义才能稳定下来。从孟子正确的批评，我们只能得出这样的结论：我们需要一定的规矩来协调内部利益冲突，但这一套规矩并不一定是孟子讲的道义。其实，类似的问题，在柏拉图的《理想国》里也能找到。苏格拉底说，一个彻底不正义的团体是自我挫败的，它没有任何力量。因此苏格拉底得出结论，正义会带来力量。但是，从上面的讨论我们可以看到，从彻底不正义导致失序这一前提，我们并不能推导出只有苏格拉底讲的正义或者孟子讲的道义才能促成团体的稳定。

除了这个问题，还有另外一个我觉得更重要、更有意思的问题。我们一般觉得儒家强调道义，认为追求利益是不好的。但其实儒家从来没有说逐利是不好的，而是说逐利要以道义为指导，不能违背道义。经常有人攻击说中国传统是轻视商业的，并将其思想渊源归于儒家。但是，我们看到，《论语》《孟子》里并没有对商业的贬低。倒是在一些其他中国传统经典里有对商业的贬低，比如《老子》《韩非子》。特别是《韩非子·五蠹》中，对为什么不能鼓励商业，有非常深刻（但不一定正确）的讨论。但是先秦儒家从来没有反对过商业本身，也不反对逐利本身。《论语·泰伯》里孔子说，如果一个邦有道，在这样好的国家里你“贫且贱”，是“耻也”，是一件很可耻的事情。因为在一个好的国家里，你穷或者没有地位，说明你不够努力，这是一件可耻的事情。不过，孔子还有一句话说，如果这个邦是无道之邦，你富贵的话，那也是一件很可耻的事情。这是因为你的富贵必然是靠追随无道的统治者，靠跟着统治者一起欺压人民才实现了富贵。总之，儒家从来没有说逐利、商业本身是坏的，而是说逐利、商业不能违反道义。

回到《孟子》的这段对话。很有意思的一点是，虽然表面上孟子批评梁惠王天天关心个人利益，但如果我们仔细想想他后面给的论证，就可以发现，孟子是说如果你一味逐利的话，这对你的（长远）利益有伤害。所以孟子对道义的强调，恰恰是说，道义才能带来长远的稳定的利益。

其实在前几节的相关讨论中我们也看到了，以个体利益或者国家利益作为做事的唯一原则，最终个体或者国家利益反而会受到伤害。相反，仁政、道义才能给你带来长久的稳定的利益。在这样的背景下，我们不应该说儒家推崇义、贬低利，他实际上是说义才是最大的利。至少，我们可以说，面对“利欲熏心”的梁惠王这样的说话对象，孟子是强调义与利的统一，或者有义之利才值得追求。

在《孟子·离娄上》里，孟子讲，像桀、纣这样唯利是图、不择手段的暴君，把人民都赶到汤、武那边去了，结果自然就被汤、武灭掉了。而一个行仁政的国家，通过坚持道义，最终在利益上它也是得益者。当然这并不是说完全靠力量、完全靠利益计算，你没法获益，而是说，即使你能获益，这样的获益也不会长久。在《孟子·公孙丑上》里，孟子说：“以力假仁者霸，霸必有大国。”打着仁义的旗号，但其实是靠力量去做事的国家可以成就霸业。但如此成就霸业要有一个前提，必须先是一个大国。与此相对，他说：“以德行仁者王，王不待大。”王就是成为天下的领袖。孟子这里讲，如果通过仁政去一统天下，他不需要有一个很高的起点，哪怕从小国开始，只要行仁政，也会达到“王天下”的状态。我们前面已经讲到了，如果真是一个群敌环伺的小国，能自保都很困难。但是如果有一个相对安全的环境，小国行仁政，这代不行，经过几代以后，也有可能变成一统天下的强国。这样的强既是现实可能实现的，也是我们所期望的。

接着孟子讲，“以力服人者，非心服也”，你靠力量压服别人，别人心里是不服的，只是怕你而已。“以德服人者，中心悦而诚服也”，用德去征服别人，人家是心悦诚服的。成语“心悦诚服”就是从这段对话里来的。这样的话，人家自愿地跟着你，“如七十子之服孔子也”。我们知道孔子号称有三千个弟子，但是比较得力的、比较好的弟子有七十个。如果我们能像七十个弟子追随孔子一样，让人民去追随一个君主，这样的国家才是一个真正能够王天下、能够作为世界领袖的国家。

不过，孟子的说法，有过度理想化的嫌疑。比如他希望行王道的统治者，应该让人民心悦诚服，就像七十个弟子追随孔子一样。但是我们想一想，他给出的类比恰恰揭示了他理想的空幻。因为儒家自己承认，孔子是很少见的圣人。这么少见的一个圣人用了一辈子，并且号称活到七十三岁，结果才有七十个人跟随。靠这样心悦诚服的办法，是不是真的能够赢得一个大国之内的人民的民心、管理一个大国呢？虽然没有点明孟子的名字，但这恰恰是韩非子对儒家以德治国、心悦诚服的说法的批评。

再者，孟子讲以力服人，只是因为你有强力在，如果没有强力，别人就不会服从你，所以这种服从是不稳定的。用道义去征服别人，让人心悦诚服，这样是稳定的。但我们想一想，不一定是这样的情况。也许今天我因为你的道义心悦诚服，自愿跟你走。但过了几天，发现你的道义并不是我所欣赏的，就不再追随你。我们可能会有这种经历，上大学的时候碰到一个老师，觉得这个老师真厉害，特别有想法。结果过了几年，再回头看的话，就觉得这个老师其实也就那么回事，只是当时我的见识比较少，以为他有多厉害。交朋友也有类似情况。以前我觉得这个朋友特别好，特别愿意跟他在一起，后来发现这个朋友其实有各种各样的毛病。所以这个心悦诚服是不是更稳定的服从，其实是可以争论的。而以力服人确实不是让对方心甘情愿地服从。当自己失去了力量，别人就不服从了。但由此我们可以得出结论：我一定要保证自己一直有力量，这样才是解决稳定服从这一问题的最有效的办法。

因此，孟子这些说法，确实有他的理想主义的东西在里面，确实有很多值得商榷的地方。但不管怎样，孟子坚持这样一个理想的说法。在《孟子·尽心下》里他说："不仁而得国有之，不仁而得天下，未有之也。"不行仁政的话可以控制一个国家，可以获得一个国家的管理权，但是不能得天下，你没法去征服天下。这听起来很激动人心，但很不幸的是，最后统一六国、得了天下的恰恰是一个不仁的国家，是实行法家的暴力、强权政治的秦国。

当然，统一的秦帝国没有延续很长时间，十几年后就被推翻了。但是秦国毕竟得了天下。并且，汉代以后很多人指出，虽然秦被推翻了，尽管也有所谓罢黜百家、独尊儒术的说法，但汉实际上继承的是秦制，或者说汉朝甚至之后两千年的传统中国社会骨子里都是秦制。孟子的说法虽然鼓舞人心，但是这个说法到底是否站得住脚，其实是可以争论的。

就王霸之间的关系，孟子还有一个相关的说法，我觉得很有意思，跟大家分享一下。在《孟子·尽心上》里，孟子说："尧、舜，性之也。"尧、舜的本性就是追求仁义之道；"汤、武，身之也"，就是汤、武是努力实践仁义之道的；而"五霸，假之也"，就是说春秋五霸是假装仁义的。这里孟子给出了一个标准的儒家式的批判：春秋五霸是假装仁义，实际上是为了自己的利益。这很符合我们对儒家，特别是孟子的想象。这一段有意思的是，孟子后面还有一句话，不太像孟子说的“久假而不归，恶知其非有也”，虽然五霸是假装仁义，但他们如果装的时间长，我们怎么知道仁义不会长到他们的身上去呢？

我们现在经常说宁做真小人，不做伪君子。孟子这里实际上是说，其实伪君子还是比真小人好些。这是因为，伪君子至少觉得当君子是件好事情，所以他想装成君子。并且如果他装的时间长了以后，也许他就会变成真君子。我想这是对人性的很深刻的观察。我们想象两个世界：一个世界里没有任何的道德榜样，一个推崇真小人的世界。第一个世界是没法拯救、没有希望的世界。另外一个世界，虽然不太理想，充满伪善、虚伪，但它至少还有一个标准，觉得有道德是件好事情，人还装着有道德，还装着去做点慈善。也许他不想做慈善，做慈善只是为了名声，但他毕竟做了慈善，毕竟帮助了别人。也许他装的时间长了，入戏入得太深，已经分不清楚真伪，这未尝不是好事。并且，如果我们还有一个标准的话，虽然有人是装，但是我们可以说他是装的，不是真的，可以批评他。但如果连标准都没有的话，我们连批评和改进的可能性都没有了。

举一个相关的例子。东亚的国家因为受到儒家影响，非常重视学问，所以东亚政治家往往要装的比自己真的知道的要多一些。与此相对，有些国家是过度平等、过度平民主义的社会。这样的国家的政客想当选，都要打扮成跟人民一样无知，把自己所有精英式的东西都藏起来。大家可以想象，在这样的环境里，知识得不到尊重，这样的国家就万劫不复了。在东亚这样的环境里，可能有的人是装作很有学问，但他至少觉得有知识是件好事。我们可以揭发他的知识是假的，鞭策他去改良，这样的环境至少比真小人、没标准的环境要好一些。

所以，虽然孟子的理想是内心的提升，是王道，但是假仁，假装仁义，至少是还觉得仁义是好的，这样的世界要比不觉得仁义是好的世界还是要好一些的。这是《孟子》里不太常见的非常现实的一面。

第六节
儒家与权利：从对动物的关爱谈起

《孟子》从我们每个人都有的恻隐之心出发，通过家庭的培养，把我们的关爱不断地扩大，直到能包括所有的人类。虽然恻隐之心涵盖所有人，但是因为它是有差等的，所以本国利益优先。但同时，虽然本国利益优先，但是他国利益也需要被考虑。依此，我们就可以建立起一个既现实又理想的国际秩序。

如果再把这样的关爱往外延伸，我们对动物也要有所同情。《孟子·梁惠王上》里，孟子与齐宣王有一段很长的对话。这一对话的开始，齐宣王希望孟子给他讲讲关于齐桓公、晋文公如何成就霸业的事情。对此，经常没好气的孟子再次没好气地说："仲尼之徒无道桓、文之事者。"我们这些孔子的追随者，不会去讲齐桓公、晋文公的事情。但我们看《论语》就会发现，里面充斥着对齐桓公、晋文公的讨论。孟子这里不想谈论如何通过利益争斗成就霸业这一话题。他想讲什么呢？他说“保民而王，莫之能御也”，如果是关爱人民，然后“王天下”，这样的强国，是没有谁能挡得住的，也就是他讲的通过仁政而“王天下”的观念。

于是，齐宣王就问，我这样的人，能够对人民有关爱吗？我们已经看到，对孟子来讲，每个人都有恻隐之心，在《孟子·公孙丑上》里，孟子通过孺子落井的思想实验来展示这一点。在这里，他换了一个说法。他讲了一个他听说的故事。是个什么故事呢？有一天齐宣王坐在朝堂之上，有人牵着一头牛从他的朝堂之下经过。齐宣王问，要把牛送到哪儿去啊？这个牵牛的说，“将以衅钟”。衅钟，就是杀了牛，把它的血涂在钟上（这是钟使用之前的一种仪式）。结果齐宣王说，“舍之”，不要杀这头牛了，因为他“不忍其觳觫”，就是说他对那头牛被杀的时候那种颤抖与尖叫，于心不忍，“若无罪而就死地”，就像一个无辜的人被杀掉一样，这很残酷。

通过这个故事，孟子想展示，哪怕是齐宣王这样不太仁义的君主，哪怕是对动物的痛苦，也能表现出恻隐之心。这佐证了孟子的恻隐之心是人类普遍具有的说法。

但是这个故事还有一个很有意思的变化。牵牛的人接着问齐宣王，那是不是什么动物都不杀了？往钟上涂血的这个仪式是不是也要废掉了？齐宣王就回答说，怎么能废呢？“以羊易之”，就是杀只羊来替换。

这个故事传出去以后，很多人不理解，因为如果齐宣王不想杀牛是因为同情牛的话，为什么他还让杀羊呢？因此有人就解释说，齐宣王抠门儿，羊比牛便宜。我们知道，就祭祀的礼仪来讲，三种用于祭祀的牺牲，价值上猪是最低的，羊高一点，牛最高。但是齐宣王自己辩解说，齐国虽然是个小国（这是他假装谦虚的话），但我怎么会连一头牛都不舍得呢？他自己确实也没法解释，为什么他命令不杀牛，但是可以杀羊。

孟子最后给了一个合理的解释。他对齐宣王说，没关系，这也是你仁心的表现。为什么呢？因为你看见了牛，但没有看见羊。看见了牛你想起牛被杀的场景，所以你心里受不了。你没看见羊，眼不见心不烦，所以你会心安理得。君子对禽兽的态度，“见其生不忍见其死”，你看它活着，就不忍心把它杀死；“闻其声不忍食其肉”，如果你听着牛被杀的尖叫以后，你再吃它的肉，可能就会不忍心。这是人之常情。孟子最后指出，周礼规定，“君子远庖厨”，就是说君子要远离屠宰场和厨房，离这些宰杀牲畜、切肉的地方远一些。

这是孟子讲的故事。从这里我们看到，就孟子来讲，当人的恻隐之心不断延伸的时候，人最终对动物也会有关爱之情。如果我们进一步讨论的话，我们可以推导出儒家对动物的态度。我们知道，现在流行动物保护运动，甚至诉诸动物的权利。比如广西玉林很多人反对杀狗，还有素食主义，乃至veganism（不但不能吃肉，连鸡蛋、牛奶这些东西都不能吃），等等。对这些观念与行动，儒家似乎没有提供更多的资源。儒家连人的权利都不讲的，更遑论动物的权利？！

虽然儒家不讲权利，但不等于说儒家没有关于善待动物的说法。儒家确实不讲权利，但儒家讲义务。义务与权利，有的时候无非是同一个硬币的两面。你可以说小孩有被父母抚养的权利，但你也可以说父母有抚育小孩的义务。就动物来讲，连人都谈不上权利，动物更谈不上。但是这不等于说人没有对动物表达恻隐之心的义务。这种恻隐之心的表达，根据孟子的说法，恰恰是人之为人的根本特征。因此，在对待动物上，孟子可以说，人之为人是有恻隐之心，当恻隐之心好好培养以后，人对动物的痛苦也是要关注的。否则，人就不配被称为人，就成了禽兽了。

儒家这种关心动物的理论，很有意思。它并非建于动物自身的权利之上——动物的权利其实是一件很难讲的事情。说人有权利，是因为人有灵魂、道德、自我管理、自由这些东西，但是动物明显是没有的。你要照顾老虎的权利，但老虎并不会顾及人权，饿了会把人吃掉。所以讲动物权利，会有很多困难。

并且，如果动物权利的违背是基于对它的伤害，让它痛苦，那我们如何认定动物在遭受痛苦呢？英国思想家边沁就说，我们之所以要关怀动物，是因为动物会经历痛苦。他的功利主义学说的最根本原则，就是所有减少痛苦总量的行为，就是正确的、应当的。如果动物能感受痛苦，那么减少动物的痛苦也是正当的、是我们应该做的。但是这里的问题是，我们怎么能确定动物是处于痛苦之中呢？我们可以想当然地说，动物被杀、被虐待是痛苦的，但是我们怎么证明它们是痛苦的呢？

回到前面引用过的孟子的说法。齐宣王不忍心杀牛，是因为他想象牛在受罪。因此，我们可以说，我们不需要知道动物本身是否痛苦；只要它们的表现让我们觉得它们在受苦，人类就有足够的理由去关心动物、爱护动物。

当然，儒家对动物的关心是有界限的。当动物的利益跟人的利益有冲突的时候，如果为了人的健康，人的幸福生活，人要吃肉、人拿动物做免疫实验，杀生也是可以的。但是，即便如此，我们还是要尽量对动物表达出关爱。这也是我们前面提到的，儒家要在不同的道德责任之间找到权衡。虽然人的利益优先，但是我们要尽量照顾好动物。比如对牲畜的养育，就要有一个基本的人道的环境。比如现在为了满足人们不断增长的物质需要，鸡、牛等都集中在很紧凑的空间里饲养。用现在的话说，这是不人道的行为。孟子也会说，一个有同情心的人，对这些是不能接受的。我们应该尽量给牲畜的喂养提供人道的环境。当我们杀生的时候，也要尽量减少它的痛苦，或者减少我们认为它们会受到的痛苦。

也许为了人的幸福生活，我们需要吃肉，但是我们不应该去浪费。《孟子・尽心上》里有“食之以时，用之以礼”的说法。朱熹在《孟子或问》里评论这个说法的时候，进一步将其发挥为“不身翦，不暴殄”，就是说不要浪费这些食物。虽然儒家不会走上素食主义这样极端的道路，但是儒家还是会说要善待动物，并且儒家完全支持少吃肉。

现在还有另外一个问题。能给我们提供同样热量的肉，要花费的自然资源，要远远超过同样的素食，如米、面、豆腐等。在现在人类自然资源非常有限的情况下，儒家会支持，为了人类的长久生存，为了美好的环境（因为环境本身也是恻隐之心延展后关爱的对象，也是我们人过得像人的基础），我们也应该减少肉食的量。

因此，儒家虽然没有权利的观念，但是儒家完全可以从义务观念出发，推出动物权利这样的说法。他们的很多实践，都跟支持动物的权利的行为是一致的，比如善待动物，要少杀，不要虐杀，要减少杀它的痛苦。比如中餐有些菜品，要生吃、活吃，这明显是不人道的表现。儒家对此是反对的。

孟子整个反对杀戮的基础就是动物看起来痛苦，让我们觉得不舒服。因此儒家会说，哪怕你杀的对象，并不真的痛苦，只是它看起来，让我们想起人类的痛苦，推己及人，我们也不应该去干这样的事情。这听起来很抽象，讲一个具体例子大家就会明白。从孟子的观点出发，如果一个人喜欢玩暴力的电子游戏，这是对人的良心会有所损害的行为，因此也应该是尽量避免的。有研究指出，儿童玩暴力电子游戏，对其道德养成有害。这就像孟子讲的，君子远庖厨。不要天天去看这些杀戮的事情，这会让人变得冷漠。所以儒家会说，不但动物不要乱杀，也不应该鼓励玩暴力游戏。

当然，有人可能会说，这是我自己在这里的推演，孟子时代根本没有电子游戏。但是，很有意思的是，在《孟子·梁惠王上》里，孟子引了孔子的一句话，“始作俑者，其无后乎”，就是说第一个做陶俑去陪葬的人，这样的人应该断子绝孙。为什么呢？孟子解释道：“为其象人而用之也”，就是说之所以做陶俑陪葬，是因为把这个陶俑想成一个真的人，让他在冷冰冰的墓地里去陪死人。虽然我们没有真的去杀人陪葬，可能比那种杀人来陪葬好一些，但是我们用陶俑陪葬，依然是想象让活人去陪死人。这样的做法，是很不仁的，所以孔子用了中国人骂人最难听的话，叫断子绝孙。从这点我们可以看出，孟子认为，哪怕某个对象仅仅是看起来痛苦，我们也要有同情心。所以当代的孟子就自然会说，玩暴力的电子游戏，不是一件好事情。

这里的讨论，还有一些遗留的问题。其中一点就是，我们人是不是非得要吃肉？孔孟时代，肉是很少见的珍馐美味。这种情况下，吃肉好像是很重要的一件事情，是在享受生活。但是很不幸的是，佛教传入以后，佛教徒向中国人展示，其实吃素也可以活下来。所以在宋、明，佛教在中国兴盛的时期，儒家就不得不面对一个问题：如果儒家讲恻隐之心的话，怎么能接受杀生、吃肉呢？比如前面提到的朱熹对孟子的评论，他就把孟子主张不浪费的观点，进一步扩展为不要虐待动物。这可能是受到佛教的冲击而不得不回应的结果。总之，如果我们可以证明，人不吃肉也可以活得很好，过得很幸福的话，儒家就会有一个问题，为什么还要继续吃肉？当然，人是不是可以不吃肉，也可以活得很好，这是一个值得讨论的问题。

另外一个问题是，如果我们要吃肉，谁来杀牛宰羊？我们可以说，让那些道德不太好的人去杀牛宰羊。但是孟子没法这么说，因为孟子认为，每个人都有恻隐之心，道德不好的人，恰恰是恻隐之心没有好好发展的人。你让他杀牛宰羊，他的道德不就更没法发展、更没救了吗？在过去的日本，杀牛宰羊、葬礼这些事是由贱民去做的。在印度文化里，类似的事情也是让贱民去做的。但孟子否定有些人注定是贱民这样的观念。在这种情况下，谁来杀牛杀羊，确实就成了问题。这里我能想到的一个回应，也许是孟子不得不违背周礼规定的一个回应，恰恰是那些有道德的人、道德坚定的人，也就是君子，只有他们才能去杀生，因为他们道德已经足够坚定，所以杀生对他们不会有太大的影响。

还有一个问题，在孟子的例子里面，齐宣王看见牛因而同情牛，没看到羊，就不同情羊。但作为一个君主，作为一个真正的君子，我们要对看到的、没看到的痛苦，都有所关怀。如果只对看到的痛苦表示关怀，就会导致当今的一个现象，凡是新闻报道的，我们才会关心，而那些没有报道的我们就不关心。这样的关心，造就了一种不公平。凡是被炒作出来、吸人眼球的事件，我们才关心。但世界上有那么多受苦受难的人，我们却没有关心。因此，我们要理解，在这个例子里，孟子所描述的齐宣王的恻隐之心，仅仅是一个起点。当恻隐达到了极致以后，我们应该对看见的、没看见的痛苦都应该有所关心。

在下一章里，我会展示，根据孟子的一些基本想法，我们可以发展出精英与民意的混合政体，它也许能够给人类提供更好的政府管理机制，可能解决一些现在民主社会里的难题。虽然会对民主有批评，但是，自由民主体制里的法治与权利部分，可能是普适的、值得不同政体模式接受的。儒家与法治和权利的关系问题，也是当代儒家学者所关注的。从上面根据孟子的想法，我们发展出对动物的关切的案例中，可以发现对儒家与权利问题的一种可能回答。下面的讨论不全是基于《孟子》文本，但是我想这些想法，应该是孟子也能接受的。

当代社会，法治的重要价值成为很多人的共识。我们对中国传统社会的一个常见的批判，是说它讲求德治或者人治，也就是说，传统中国社会不是法治社会。

德治思想是儒家的重要思想。在前面引述过的《孟子》里面，我们看到很多孟子类似的话：君主如果能培育他的“不忍人之心”，就可以很容易地治理天下。但是，在《孟子·离娄上》里，孟子指出：“徒善不足以为政，徒法不能以自行。”只靠人民或者君主的良善，是不足以处理好政治的。但他同时指出，如果没有道德基础，没有好的运作和管理者，法律与制度本身，也不能靠自己来运作。类似的思想，在《论语》里也能找到。

因此，儒家并不是说不要法治，而是说法治背后要体现一种道德，要依赖人的努力。据说，新加坡为了鼓励子女照顾父母，就给在父母住所附近买房的人减税。这就是法律体现、推动道德的一个好例子。但是，日常生活里很多事情是法律管不到的。现在很多的道德问题用法律管辖，看起来好像是符合儒家的想法，社会要推动道德。但是儒家并不认为，道德问题都要依靠法律来解决。

比如，我们走进一个大门，后面有个人跟着，我帮他扶一下门，这是很小的日常行为。但是这样很小的日常行为却会给社会带来一种融洽的感觉。我在美国生活的时候，这种做法，是基本的礼节，大家都习以为常。这很难用法律来规管，比如你不给后边的人扶一下门，就要被处罚——这样是很荒唐的。这种行为应该靠公序良俗慢慢改变。

总之，儒家讲礼治，不是说不要法治，而是说法律制度要体现人伦，要体现仁义，要体现基本的礼仪。法律之外，法律管不着的地方也是需要礼仪来管辖的。儒家的礼治跟法治是不矛盾的，是可以结合到一起的。

就权利观念来讲，中国在近一百多年的反传统浪潮中，很多人认为中国传统无法与西方好的东西相结合，所以要打倒孔家店、要搞新文化。而很多所谓的文化保守主义者，比如所谓的海外新儒家，则试图把西方的自由、民主与儒家的基本思想调和起来。比如，牟宗三和他的一些追随者，试图从儒家思想里读出康德，或者从康德里读出儒家思想。康德明显在谈权利、尊严、自治、自由这些东西，所以如果儒家能跟康德结合起来，儒家就能与权利观念结合起来。

这一做法其实是很有问题的。儒家到底能不能跟康德结合起来？从我们前面提到的一些例子可以看到，儒家的一些根本想法恰恰跟康德截然相反。因此，这种结合，存在以下问题。第一，可能太过做作，因为我们想要人权，所以我们就跟康德拉拢关系。第二，即使能与康德结合，那还读儒家干吗？读康德就是了。第三，即使跟康德结合起来，在一个自由的社会里，并不是所有人都接受康德的。如果我不接受康德的话，是不是意味着我就不能接受人权？

在最后这一点上，美国当代最重要，甚至西方当代最重要的政治哲学家罗尔斯在他晚期著作《政治自由主义》里面提了一个很重要的想法。他指出，要让自由、民主成为普适价值的话，自由、民主就要跟某一套形而上学体系，比如康德的体系、密尔的体系，脱离开。在自由社会里，因为没有外界压制，所以人们就不会只认同某一套特定的信仰、哲学体系。任何这样的体系，必然是人们选择的多元体系中的一种。如果权利与其中某种体系密不可分，这就意味着权利永远成不了多数人都能接受的观念。

按照罗尔斯的想法，儒家想要接受权利，就不一定与康德（或者任何其他特定的权利思想家）接轨。只要儒家能有一套路径，看起来与对权利的接受足够相像就可以。罗尔斯叫它“重叠共识”。

因此，虽然传统儒家明显没有西方意义上的个体或者权利的观念，但这并不等于说，儒家不能用他们的办法发展出一套类似权利的东西。前面我们提到，儒家虽然不讲权利，但强调义务，义务跟权利经常是同一枚硬币的两面。我们也看到，就连看起来儒家最难认可的动物权利，儒家也能通过恻隐之心发展出一套人类对动物责任的说法。这一说法，虽然与动物权利并不完全重合，但是可能足够相似。我们前面也举了小孩被抚养的权利与父母抚养他们的义务的对等关系。因此，儒家可以通过义务把很多权利包容进来。这是儒家与权利相容的第一种办法。

第二种办法是所谓的后备机制的论证。比如，儒家虽然强调德治，希望有德的人自觉尽自己的义务，但我们刚才已经看到，孔孟是可以接受法治的。这一接受的基础何在？理想情况下，他们希望占据优势地位的人尽自己的道德义务，但是如果他们不履行其道德义务，法律可以被当成道德留的"后手"或后备机制，强制道德失败的人履行其义务。再回到父母养育孩子的例子。理想上我们希望出于动物本性也好，或者是道德养成也好，父母会尽养育自己孩子的义务。但是为了防备其道德心不够强、不够自觉，我们留有后手，让法律在道德失效的情况下介入。比如父母离婚，应付抚养费的一方不履行该义务的话，那么法律可以强制执行。

第三种办法，儒家可以把某种权利划归到其所认可的价值中。比如现代的自由社会都强调言论自由。儒家没有什么言论神圣、言论自由的想法。但是在下一章里我们会看到，儒家的一个根本追求是良政，是为人民服务的政府。人民是否满意于他们接受的服务，要由人民自己决定。这就意味着要有民意自由表达的渠道。同时，良政依赖于精英制定好的政策。如果我们接受一个经验的和常识的观察，即好的政策需要精英开放的讨论，这就意味着精英之间也要有开放和通畅的言路。因此，虽然儒家不认为言论本身有任何神圣性，也不会认为个体有（包括言论在内的）绝对自由，但是儒家可以接受，为了实现他们追求的良政，去支持言路的通畅。

这一点其实孟子是有所涉及的。在《孟子·滕文公下》里，他指出，在天下无道的状态里面，“处士横议”。他认为，言论的聒噪，是因为天下的混乱。这里隐含的意思是，当人们看起来是妄议政治的时候，可能反映出政治出了很大问题。在这种情况下，执政者应该想法去改善政治，而不是去压制这些言论。

总之，儒家虽然没有直接的、正面的法治与权利的想法，但是儒家完全可以接受法治与权利的观念。在这里我无法展开，只能简单判言，我认为，自由民主体制里面的权利和法治是个好东西。而在下一章里，我会展示，这一体制里的民主部分，其实是有问题的。但是很不幸，主流意见认为，自由民主政体最核心的、最好的一点是一人一票，而它真的好的地方，法治、权利、自由等，反而被忽视了。从西方到中国，都有这种错误的认识。

如果我的理解正确，儒家可以接受自由民主体制里好的东西。同时，这一体制中的民主部分，即一人一票，有很多的问题。在下一章里，我们会看到，孟子的理想政治理念会对一人一票有所修正。在接受了这一体制的好东西，同时对它有问题的东西有所修正，这样的儒家的理想政体，也许就比自由民主政体好。从这种意义上来讲，我们在认清自由民主体制的优劣的基础上，对其问题的修正，不是对它的反叛，恰恰是通过改良来拯救它。这一改良体制，恰恰是中西方好的思想的结晶。

第四讲

主权在民，治权在贤——民本基础上的精英政治

第一节
孟子的民本思想

在前面两章里，我们看到孟子如何回答政治的三个根本问题中的两个，并且他的回答如何与当代世界发生关联。在第三章的最后两节，我也讨论了孟子的义利与王霸之辨，以及儒家与权利思想的关系。现在，政治里还有一个关键问题，我还没有展示孟子是如何处理的。这个问题就是统治者是如何产生的，政权的合法性何在的问题。我们知道，在西周封建制垮台以后，涌现了一种新社会现象，就是现在所说的人人生而平等。贵族时代，人们天生就有身份，贵族或平民，人生下来就是不平等的，也是不自由的。一个人并不能自由选择职业，出生在什么职业的家庭里，就不能自由变动。农民也往往被束缚在土地上。封建制垮台以后，人可以自由流动了，在政治和社会的阶层上，人也可以自由流动了。

面对这样一个平等与自由的状态，哲学家依然可以决定，他到底是接受还是不接受，接受到什么程度，或进一步推进到什么程度。就平等与政治上的自由流动来讲，先秦的三个最重要的儒家代表人物孔子、孟子、荀子都采取了一种拥抱的态度。我们以前已经提到，孔子敢于去当私人老师，这就违反了以前贵族的规定；他收的学生也是有教无类。这就是拥抱当时平等自由状态的一种行动。虽然如此，但是孔子从来没有说过，人生而平等，也没有说过，人都是性善的。

这里我们需要澄清一下。流俗的说法是中国传统强调“性善”。但是，先秦其他重要的流派，如法家、道家，都没有“性善”的观念。哪怕儒家，一般认为荀子主张的是所谓“性恶”的观念。有些学者觉得他不是主张“性恶”，但不管怎么样，他肯定是不主张“性善”的。孔子也没有在任何地方讲过人性是善的，讲的最接近的是“性相近，习相远”（《论语·阳货》），也就是说人的本性只是相近而已，但并不一样，并且他也没说这个相近的性到底是善还是恶。先秦最重要的三个儒家思想家，只有孟子是明确地强调“性善”的。

并且，孔子没有强调人天性是平等的。孔子讲“有教无类”，只是说他不根据学生出身来决定是否教。与封建时代不太一样，贵族身份不再是这个人可教或不可教的标准。能不能被教，试试再说，如果发现这个人实在愚不可及，怎么教也教不会，那就算了，更有甚者，孔子还讲，“中人以下，不可以语上”（《论语·雍也》），就是中等和中等偏下的人，高深的东西，不能给他讲，讲了他也听不懂，也是在浪费自己的时间。不如把这些时间放在那些可以教的人身上去，这样才对得起你讲的话。用现在的话说，孔子有的是机会平等的观念，就是我们要给每个人受教育的机会。但是，他并不认为每个人都能达到同样的结果。

与孔子不同，孟子、荀子都明确强调人性是平等的。孟子强调人性平等的地方很多，我们已经看到，孟子说“恻隐之心，人皆有之”，就是每个人都有善性，在这一点上人和人之间是平等的。不但人和人有向善的本性，只要人努力，都可以达到人类道德的极致状态。比如在《孟子·告子下》，有人问孟子：“人皆可以为尧舜，有诸？”就是说，每个人都可以成为尧舜，有没有这样的事？孟子的回答是肯定的。因此，孟子明确讲，人性是平等的，是向善的，每个人都能成圣成贤。

那么，如果人人平等，且都能成圣成贤，凭什么一些人会成为统治者，一些人成为被统治者？就是说，政府、统治者的存在，它的根据是什么？在这一点上，儒家就提出了著名的“民本”观念。即政权的合法性，来自人民，来自政府为人民提供的服务。

在《孟子·万章上》里，万章问孟子，有没有尧把天下给了舜这么一件事情？孟子说没有，因为天子不能把天下给人。万章就接着问了，那么舜当了天子，是谁给他的？孟子回答，是“天与之”。万章反问，难道老天会发话说，下一个天子是谁吗？孟子给出了否定的回答，并且说：“天不言，以行与事示之。”也就是说，天不说话，是靠“行与事”来表达自己的意愿。这又是怎么做到的呢？孟子就讲，天子可以把一个人推荐给天，让天看看他是否能被接受。但老天又不说话，这种接受如何表达？孟子接着指出，让这个“天子候选人”去主持祭祀。如果神都很享受他的祭祀，那就说明神接受了他。同时，以舜为例，舜辅佐了尧二十八年，通过这样的服务，人民都非常爱戴他。尧死了以后，人们都想让舜做天子，而不想让尧的儿子做天子。孟子最后引了《尚书·泰誓》里的一句话作为总结：“天视自我民视，天听自我民听。”天子的位子是天给的，但老天是不说话的，老天通过人民的眼睛、耳朵，去看、去听。

因此，孟子这里的天意与民意紧密相关。不过，除了民意以外，前面还提到通过祭祀让神接受的环节。但是我们想想，从什么意义上来讲，神接受或不接受这个“天子候选人”主持的祭祀呢？这个要求很可能只是一种形式而已。就是说一个候选人，得要履行一定的仪式。这就像美国总统大选一个人胜出以后，要有一个就职仪式。胜选者必须完美地完成就职仪式，才能成为总统。奥巴马第一次当总统的时候，其中一个仪式是他要跟着最高法院的首席法官念誓词。但是念的时候，首席法官不小心念错了一句，奥巴马当时愣了一下，也跟着念错了。后来发现确实是念错了，他俩不得不重新履行就职仪式的这一步，否则奥巴马的总统职位就是非法的。在奥巴马再次当选后的总统就职仪式里，他们都很小心，先背了几遍，才去进行这个仪式。从这个例子来看，给神祭祀，神接受，更像是一个仪式性的要求，而不是一个实质性的要求。因此，天子是否有合法性，最终是来自于人民的接受。人民的眼睛与耳朵，代表了天的眼睛与耳朵。

在《孟子·尽心下》里，孟子更明确地表达了“民本”“民贵君轻”的思想。他说：“民为贵，社稷次之，君为轻。”就是说，民是最重要的，社稷之神是次之的，君是最不重要的。天子需要得到人民的认可，所以“得乎丘民而为天子”，有了这样一个天子以后，“得乎天子为诸侯，得乎诸侯为大夫，诸侯危社稷，则变置”。就是说，整个统治架构里，顶级的统治者天子要满足民意以后，才能成为天子。诸侯的任命来自于天子，依次类推。

在这里我们看到孟子很明确的民本观念，就是说政权合法性来自于人民的认可。通过为人民提供服务，人民认可，政权才具有合法性。前面一段提到，神似乎也有一定的决策权，但是我们也指出了，神的决策似乎只是仪式性的，不是实质的。在《孟子·尽心下》的这段话里面，孟子进一步说：“牺牲既成，粢盛既洁，祭祀以时，然而旱干水溢，则变置社稷。”就是说，如果我们给神杀的猪、羊，摆的米、酒这些东西都很好，并且按时祭祀，在这种情况下，还是发生水灾或者旱灾，那么我们就要把这个神也换掉。因为我们祭神是希望神来保佑我们，如果神接受了祭祀，但没有尽职，就可以被换掉了。因此，这里我们看到，虽然他前面讲，天子候选人需要得到神的认可，但这个神本身也需要对人民负责。也就是说，天子跟神都要对人民负责。

这是《孟子》里根深蒂固的一个民本的观念，就是政权的合法性来自于人民，来自于为人民提供的服务。

人民是否得到服务，得由人民自己来说。用现在的话说，人民能不能幸福，人民幸福与否，得由他们自己决定。

如果是这样的话，在《孟子·万章》里，孟子为什么还要坚持说，要对神有一定的祭祀，然后让神来接受天子候选人呢？如果最终“天听”来自“民听”，“天视”来自“民视”，为什么还要借用天这样一个形象，直接说民意不就可以了吗？孟子为什么还要拐弯抹角地给天这个位置呢？我想孟子之所以这么坚持，是希望让政权带有一种神圣性，而不是简单的民意的认可。为什么要有这种神圣性呢？因为政府需要有权威，如果仅仅是一种交易式的权威，这个权威明显不够强。

因此孟子强调，不是现任天子把他的位置给了下一位天子，他也没有直接说，人民决定下一位天子是谁，而是说这最终来自天意。他这样就给政府加上了神圣的光环。其实在西方也有类似现象。比如西方民主理论的重要提出者、英国思想家洛克在《政府论》上篇里，批评了君权神授的观念，把君权的神圣性，批驳得体无完肤。但是他在《政府论》下篇谈到人民主权思想的时候，强调人民这种权利是天赋的，是老天、自然或者上帝给予的。我们经常觉得整个西方的自由民主，是通过世俗化发展起来的。其实它并不是纯然的世俗化，所谓的世俗化只是针对以前的神圣化。当时的西欧经历了一个翻天覆地的变化，以前的合法性、神圣化出了问题，所以包括洛克在内的革命性思想家要做的第一件事情，是否定以前的神圣性。但是任何一个政府，都需要有一种神圣性的支撑，其根基才会稳固。所以在否定了以前的神圣化之后，像洛克这样的人，又试图建立一种新的神圣性的东西。在这一点上，孟子的努力，跟洛克的努力，是完全呼应的。

第二节
政府对人民的责任

在上一节里我们看到，面对一个贵族体制瓦解、人人平等的社会，儒家并不像我们想象的那么保守、复古，而是拥抱这样一个平等的社会。孟子与荀子在平等的道路上，要走得比孔子更远一些。但如果人人平等的话，政府统治者是怎么被选拔出来的？这个统治者的合法性在什么地方？从孟子来看，统治者的合法性，来自为人民提供服务。统治者之所以能够成为统治者，最终是要通过人民的满意来为其提供合法性。那么，政府有责任为人民提供什么样的服务呢？

在《孟子·滕文公上》里，孟子说，在尧当天子的时代，天下很不太平，洪水泛滥，禽兽经常威胁人的安全，农业也不发达。尧作为一个关爱人民的天子，为此非常担心，于是让舜去处理这些事务。用现在的话说，尧像总统，舜像总理，所以尧任命舜去负责这些事务。舜又去找了一些人，比如让益负责火，结果益就用火把荒地烧掉了，禽兽也被赶走了；让禹去疏通河道，把洪水给治好了，于是人民的安全就得以保障。同时，舜又让后稷教人民种田，于是人民的食物也有了保障。

从这里来看，政府的存在就是给人民提供安全保障与基本的经济保障。当然，这里乍看起来，孟子是在讲尧、舜时代的历史故事。但是，我想这些故事是儒家想象的，甚至是编造的。这些故事，与其说是历史，不如说是描述了孟子所认可的理想状态。通过这些所谓的历史故事，孟子其实是在描述一个理想的政府要做什么：要给人民提供安全，要帮助人民满足他们的基本经济需要。

这样来看，孟子的观念非常现代。在老布什与克林顿竞选的时候，克林顿说过一句非常著名的话：It's the economy, stupid! 他说，不要犯傻了，政治里面最重要的任务是经济。只要把经济搞好了，就会得到人民的支持，就能当选总统。孟子的这段话也是在讲，政府的存在是要给人民提供安全，给他们提供经济保障。实际上，政府的职责就是给人民提供经济保障这样的说法，很可能是开历史先河的。欧洲到了近代，也就是比孟子晚了两千年，才有类似的说法。

并且，乍看起来，孟子的这种说法与当代民主社会的想法不谋而合。但是，孟子在这之后还多说了一句话。人吃饱了，喝足了，穿暖了，有地方住了，从民主社会的角度来看，政府的责任已经尽到了。但是孟子说："饱食、暖衣、逸居而无教，则近于禽兽。"也就是说，即使在政府的帮助下，人民吃饱了、穿暖了、有地方住了，但没有教化，就还不是真正意义上的人，而是与禽兽接近的人。这意味着，如果政府只提供安全与经济需要的满足，那么这个政府不是人的政府，而是禽兽的政府。这再次呼应了我们之前说的话：对孟子来讲，人不是一个生物概念，不是吃饱了，喝足了，长得像人就是人了，人还是要有基本的道德教化。没有道德教化，人就跟禽兽差不多，所以政府还要做另外一件事情，要给人民提供基本的道德教化。在这一点上，孟子的理解与当代主流民主社会的理解，很不一样。

对孟子来讲，政府要对人民进行什么样的教化呢？他的回答就是所谓的五伦教育，关乎人与人之间的五种基本关系，"父子有亲，君臣有义，夫妇有别，长幼有序，朋友有信"。父子之间要有亲情，君臣之间要有道义，夫妇之间要有区别，长幼之间要有一定的次序，朋友之间要有信任。只有有了五伦以后，我们的社会才会成为真正的人类的社会，而不是禽兽的社会。所以就孟子来看，政府的存在是必要的，为什么？因为只有依靠政府，我们的安全、经济才能得以保障，才能有基本的教化，使得我们的社会是人的社会。

因此，孟子认为，政府的存在是必要的善。我们现在经常看到，自由放任主义者认为，个人是最重要的，而政府最多不过是必要的恶，甚至是不必要的恶。但是，孟子和其他一些思想家会反驳说，个人的充分发展，其实不只靠个人奋斗，还需要社会保障。据说古希腊的思想家柏拉图，每天都要感谢自己是雅典人，不是波斯人；是自由民，不是奴隶。大家想想，如果柏拉图是奴隶的话，他再有才，估计也写不出什么东西，也不会流传下来；如果他生长在波斯，没有雅典提供的文化与社会环境，那么他也不可能写下这么辉煌的著作。当代也是一样，如果比尔·盖茨生活在动乱的环境里面，比如生活在充满战争与动荡的阿富汗，那盖茨也不可能成为现在的盖茨。幸好他生活在社会稳定、经济富足的美国，并且在20世纪80年代初，盖茨上高中的时候，他的学校就已经有电脑。这很少见，对他后来成功有很大的帮助。从这些来看，孟子的观念也许更符合人类的现实。政府的存在，政府所提供的基本的安全与物质保障，是个人发展的前提。

即使在认为政府与统治者的存在乃是必要的学派中间，我们还要意识到，孟子表达的并不是唯一的立场。比如上面提到的柏拉图，在他的《理想国》里，统治者的引入，是因为其军事角色。在对话中苏格拉底设计理想的城邦时，他指出，这样的一个城邦需要自保，同时因为不能自给自足而需要去别的城邦抢一些东西，所以城邦就需要一批特殊的人，即所谓的护卫者，也就是城邦的统治者。但在《孟子》中，我们看到，统治者所起的主要是经济和文教的作用。

很多时候，要读懂很多书，才能读懂一本书。这听来好像是一件矛盾的事情：我一本书还没有读懂，怎么读懂很多的书？但读书就是这样一个在不完美中不断深入的过程。我们乍看起来读懂了一本书，也许读了另外一本书以后才发现，原来我们并没有读懂这本书。我们只读《孟子》的话，会觉得统治者的文教角色是很自然的事情。但当我们读到《理想国》的时候，我们会发现，原来统治者的首要功能是文教功能的观点，并非天经地义，因为《理想国》认为，统治者的军事角色才是自然而然的。反过来也一样。只有在这种思想的冲撞中，在某种意义上的思想的自由市场里，我们才能把自己的思想推向深入。在这种情况下，要读懂中国的东西，需要读懂西方的东西。反过来也一样，要真正明白西方，也需要真正明白一些中国的东西。

回到《孟子》的这个段落，我觉得还有一点值得强调。五伦关系里的一伦与我们现在的理解很不一样，即“夫妇有别”。即夫妇之间最重要的是要有分别。这是因为，就孟子来看，家庭是政治的单元，夫妇也承担了这一单元里的政治角色，他们的角色是有分别的。与此不同，现在我们认为正常的是“夫妇有爱”，婚姻的基础或本质在于爱情。但我们首先要注意到，爱情是婚姻的基础，其实是非常晚近的观念。欧洲很长时间里也认为夫妇的结合，是两个家庭的利益的联合，是两个家族之间的纽带，而不是基于夫妇之间的爱情。中国历史上有很多非常美好的爱情故事，但是就婚姻来讲，其所强调的也是两个家族的政治联合。当然，孟子的说法，并不是否定夫妻之间的感情基础，而是强调在政治层面，重要的不是感情，而是在家庭这个政治单元内部夫妇所承担的不同角色。并且，反思我们当代的婚姻观念，如果夫妇之间的关系只以感情为基础，而感情是容易变化的，那么婚姻也不可能是牢固的。这可能是当代社会婚姻问题的一个根源。

不管怎样，在不否定感情基础的前提下，孟子更多关心的是“夫妇有别”，就是说夫与妇在家里，要扮演不同的角色。有育儿经验的读者很容易理解，即使父亲与母亲都非常关心、爱护孩子，但是他们起到的作用经常是不一样的。在标准形态的家庭里，可能父亲更多的是承担一些脏活累活，这是父亲比较擅长的；而母亲更擅长倾听，与孩子在一起谈话。这对孩子（也就是人类的下一代）的健康繁衍，非常重要。这可能是孟子要强调“夫妇有别”的重要原因。

2015年，美国最高法院通过了同性婚姻合法的法案，激起了国内一些儒家学者的讨论。很多相关问题，我们无法在这里展开。不过有一点，跟我们前面提到的直接相关。就孟子来讲，即使两个同性结婚，如果他们通过收养或者人工授精的办法，有了自己的孩子，孟子还是会坚持，他们之间要有分别，要承担不同的角色。这其实是符合常识的。即同性婚姻，一般也是一个人更有我们通常认为的女性化特征，另一个人更有我们通常认为的男性化特征。即使孟子接受同性婚姻，他还会坚持同性夫妻双方，要有分别。

总之，孟子认为，政府的存在，是为了给人民提供物质生活的保障，同时要给人民基本的道德教化。如果没有这种基本道德教化，这样的社会，就不是一个人的社会。从这里来看，孟子似乎是在说，就人之为人来讲，道德教化，优先于经济需要的满足。如果只是经济需要的满足，这样的社会，不是真正的人的社会。

现在，经常有人说“亚洲价值”。即亚洲人或者东亚人更关心物质条件的满足，而非抽象的人权。批评“亚洲价值”的人会说，这种亚洲价值强调的不是人的权利。这个亚洲价值到底是从哪来的？这超出了我们当前讨论的范围。但至少我们可以看到，这种价值，不是孟子所支持的，因为孟子认为，只是吃饱了、穿暖了、有地方住了，但没有文教，这样的社会，是近乎禽兽的社会。其实大家想一想，所谓的亚洲价值，可能更多的是穷人的价值，在温饱得不到满足的情况下，穷人会把活着当成最重要的事情。不管它来源为何，但肯定不是孟子所支持的价值。同时，孟子所讲的，又不是通常批评亚洲价值的人所讲的西方意义上的人权。这是很有意思的立场。

对孟子这种在人之为人的问题上持道德优先的观点，有人会攻击，说这是以理杀人。活都活不下去了，还非要讲道德？！虽然人之为人，道德为先，但是从上面引的

《孟子》的段落里我们看到，舜被尧任命之后，首先处理的是人民的生命安全与物质需要问题，之后才开始道德教育。也就是说，对孟子来讲，一个政府首先要做的事情，不是培养道德，而是要提供物质的基本需要。因为物质基本需要的满足，是培养道德的前提。所以，他们也会回应那些批评亚洲价值的人士，在人民的温饱都满足不了的情况下，言论自由这些权利，只是空谈。所以孔孟既有重视人的道德性的一面，也有非常现实的、要满足人民的物质需要的一面。

就物质需要的满足乃道德培养的前提的观点，在《孟子·梁惠王上》和《孟子·滕文公上》中，孟子重复了几乎相同的说法，即有“恒产”是有“恒心”的前提。对一般民众，我们不能拿“饿死事小，失节事大”来要求。实际上，在这两处，孟子都讲到，如果政府没有给人民恒产，即稳定的生活，那么他们的道德就无法保证。在他们的道德无法保证的情况下，人们“放辟邪侈”，就会干各种各样的坏事情，“及陷乎罪”，犯了罪以后，政府把罪犯给抓起来，这是“罔民”，就是政府设了个圈套，让人民陷进去。换句话说，人民由于基本物质需要没有得到满足，因而犯罪，政府把罪犯逮起来，这实际上是给人民下的圈套。也就是说，政府实际上是有罪的，因为人民之所以犯罪，是政府没有尽到自己的责任。如果是因为政府没有给人民提供基本的物质需要而导致人民犯罪，政府也应该被送上审判台。

同时，我们要意识到，孟子认为每个人都有恻隐之心，都可以把恻隐之心发展出来。因此他也不会说，因为一个人的物质条件不好，他去犯罪了，他自己就没有责任，全是政府的责任。这个罪犯也是有责任的。毕竟在贫穷的条件下，有很多人没有走上犯罪的道路。也就是说，在因政府失职而导致的贫困条件下，有人因为贫困的因素犯罪，政府和罪犯都有责任，这又是一个很有意思的观点。

比如在美国社会里，美国的自由派与保守派，对如何处理罪犯有非常明显的差别。自由派认为，贫民窟里的黑人之所以犯罪率高，是因为在美国历史上他们遭受了各种各样的不公正待遇而导致了他们的贫穷。从这一点上来讲，他们跟孟子讲的政府“罔民”的说法一致。美国保守派会反驳，穷人多了，但在贫穷的条件下，白人和黑人都有靠自己的努力，靠小家庭的努力，没有走上犯罪的道路，甚至成为成功人士的。因此，那些在贫穷条件下犯罪的人，应该为自己的行为负责。

孟子的观点，结合了美国保守派与自由派的观点。

一方面，因为没有为人民提供好的物质条件，致使人民犯罪，政府要负责任。也许我们可以把这个因素考虑进来，对罪犯要轻判，也要追究政府的责任。但另一方面，我们不能因此就说，罪犯没有任何责任。在《孟子·梁惠王下》的一段话里，孟子指出，如果你有个好东西没有得到，而埋怨自己的君主，这是不对的。但是，作为君主，而不跟人民分享你的乐趣，这也是不对的（“不得而非其上者，非也；为民上而不与民同乐者，亦非也”）。他在这里的观点与我们刚刚对孟子在人民犯罪的时候政府与人民都要承担责任的观点，是呼应的。

因此，孟子虽然有他理想的一面、道德化的一面，但是他认为人之为人的根本性的道德，要以物质条件为基础。从“人之为人”来讲，道德的重要性要优先于物质需要的满足；但是从政府的政策来讲，政府应该首先想法去满足人民的物质需要，然后再去建立他们的道德。

就恒产与恒心的关系，我们还有一点要澄清。没有恒产就没有恒心的说法，在前面提到的《孟子》的两段话里都说了。但是在《孟子·梁惠王上》的那一段话里，孟子还多说了一句：“无恒产而有恒心者，惟士为能。”就是说并不是所有人必须有了恒产才能有恒心。有些人没有恒产也可以有恒心。这些人，就是所谓的士，或者君子，即儒家所讲的道德上的上等人。他们是上等人，不是因为他们出身高贵，而是他们在物质条件很差的情况下，依然能保持恒心，保持基本的道德心。

对于孟子来说，人可以分成两类：无恒产无恒心者、无恒产有恒心者。这一点也可以回应我们前面提到的一个难题。孟子在说服齐宣王、梁惠王的时候，说不要只图利，要讲道义。但是他最后给的论证是，道义本身能带来更长久的、更大的利益，所以好像最终还是在谈利益。但是我们要知道，这是他在试图说服齐宣王、梁惠王这些道德水平不太高的君主。但如果是对士、君主或者儒家的精英来讲，没有物质利益，他们依然会追求道义。对于一般人，应该讲利，然后循循善诱，让他走上道德的道路。但是对道德高尚的人来讲，可能就不再需要谈利，而只谈道义就够了。

严厉批评儒家的法家代表韩非子也讲过，在物质富足的条件下，人民会善待对方；但是当物质条件差的时候，人民就很难善待陌生人。这个看起来与孟子的观点有接近的地方，但是韩非子认为，只要物质富足了，人自然会对别人有善心。但是孟子认为，富足只是道德培养的前提，富足本身并不能带来道德。我们还是需要道德的强化、道德的养成。孟子认为，政府在制定政策时，有责任注意这些，应该先考虑经济，再考虑道德教化。

总之，孟子认为，在政府没有提供良好的社会与经济条件的前提下的个体犯罪，个人与政府都应该承担责任。当然有些人可能本身很坏，犯罪并不是因为物质条件差。这种情况下，政府当然是没有责任的。政府只有惩罚他、尽量去教化他的责任。

第三节
孟子的问责思想

由上一节的讨论可见，政府的责任，是满足人民的物质与精神的需要。对人民这种需要的满足，是政府合法性的基础。这些话虽然说得很好听，但如果没有适宜的机制去问责政府，那么说得再好听，也只是说说而已，因为我们没有办法，让那些不合格的政府受到训诫，甚至受到惩罚。因此，除了要有“民本”的思想，在理想的政治里，问责也同样重要。

这种问责的思想，孟子是明确表达了的。在《孟子·梁惠王下》里，孟子去见齐宣王，说有着悠久历史的国家，不是有些大树而已，而是要有得力的老臣（“所谓故国者，非谓有乔木之谓也，有世臣之谓也”）。有的时候我们不能用自己现有的亲戚朋友，这一定要谨慎。

考察一个人，你的左右、你的官员说这人贤是不算数的，也是不够的。只有“国人”说他贤，也就是人民说这个人不错，你才应该再考察一下这个人。如果发现他真的不错，那就可以任用。

这里要澄清一下，西周的时候有“国人”跟“野人”的差别。国人是在国都里住的那些人，一般遵从周的政治管理；野人是在城外、野外的人，这些人往往还没有被周的制度彻底融合。但是在战国时代，国人与野人的差别，已经没有那么明确了，在《论语》里，孔子并没有把国人与野人区分来看。所以，晚于孔子的孟子，他讲国人，应该不是在与野人相区别的意义上讲的，而是泛指国内的人民。

接着孟子讲，在什么情况下君主才应该罢黜，甚至处决不合格的官员。与上面类似，他也是讲左右、其他大夫的话是不能算数的，而要在国人有了明确的意见之后，再去考察和决断。在处死的情形里，孟子说，“故曰国人杀之也。如此，然后可以为民父母”。就是说，作为人民的父母的君主，要听自己孩子的意见。基于自己子民的意见做出决定，这才能配得上民之父母的头衔。

在这里，我们可以明显看到，对官僚的选拔、提升、罢免，甚至是对那些罪大恶极的贪污腐化的官僚的杀戮，民意有着重要的参考价值。

需要说明的一点是，当代中国，包括我自己在内的一些学者，都强调儒家贤能政治的观念。但是在战国时代，孟子的贤能政治并不是那么彻底。他在这段话开始就说："国君进贤，如不得已，将使卑逾尊，疏逾戚，可不慎与？"就是说，国君要用贤人的话，要让那些卑贱的人，或者是跟你比较疏远的人，超越那些尊贵的、有贵族地位的、和你亲近的人，这是很危险的事，所以一定要谨慎。换句话说，孟子并不是说不论亲疏远近贵贱，只要人贤就要推举他，举贤一定要谨慎。与此相对，《墨子》《韩非子》都明确地提出来，贤能的选拔，跟亲疏贵贱没有关系。韩非子更是强调，除了君主之外，法律面前人人平等，亲疏贵贱，都要用同样的法律来处置。所以在这一点上，在贤能政治的想法上，虽然孟子肯定比孔子要激进，但他依然没有墨家、法家那样将概念贯彻得那么彻底。

政府要为人民负责，而这种负责是可以用问责制的办法表达出来的，就是说政府没有尽责，就要为此付出代价。当然这里讲的是那些大臣、官员。很自然的一个问题是，如果君主没有尽到他的责任，或者整个政府没有尽到它的责任，怎么办？对此，孟子的说法，要比墨子和韩非子激进与彻底得多。

关于这一点，《孟子》里有两段非常有趣的对话，对话的对象都是齐宣王。在《孟子·梁惠王下》里，孟子问齐宣王，如果你有一个臣子要去楚国远游，拜托他的朋友照顾自己的老婆、孩子，但等他回来后发现，他的老婆、孩子都在挨饿受冻，这种情况下应该怎么对待这个朋友？齐宣王想都没想就说："弃之。"就是抛弃这个朋友。孟子又给了一个类似的例子，说一个官吏没有做好他负责的事情，应该怎么对待他？齐宣王说，那把他撤掉。最后孟子问，如果"四境之内不治，则如之何？"如果一个国家的整个国境之内，没有得到治理，那这种情况下我们应该怎么办？国境之内的治理，是君主的责任。换句话说，孟子是在问，君主如果没有尽到责任应该怎么办？从前面给的类比，他想让齐宣王给出的回答很明显，如果君主没有尽到责任，君主也要被废掉。齐宣王的反应非常有意思，甚至有点滑稽："王顾左右而言他。"齐宣王看了看左右，把这个话题给岔开了。这个答案非常明显，但是齐宣王不想说。确实，君主怎么会说，如果自己干得不好，可以被撤掉呢？

大家读《孟子》，可能会有这种印象，孟子是个经常生气的人。说句有辱圣人的话，孟子有点像个愤青。比较起来，孔子要更轻松、更幽默，跟他的弟子之间经常还会调侃或者自黑两句。在孟子这里，我们很少见到孔门的那种活泼。这一段对话是《孟子》里少有的会让人哑然失笑的地方，虽然这并不是孟子本人成心调侃。

不管读者是否觉得这段话有趣，但其意思非常明显。孟子认为，一个君主或者以君主为代表的政府，如果没有让国家得到好的治理，就要被问责。我们可以想象，虽然齐宣王回避了这个话题，但是他心里肯定不太舒服。所以隔了一段话之后（隔的这段就是我们上面提到官吏的选拔、罢免的过程），齐宣王又问孟子："汤放桀，武王伐纣，有诸？"夏桀与商纣都是历史上著名的暴君。商汤把桀给流放了，周武王更是把纣给杀掉了。齐宣王问，有没有这回事？孟子回答说，历史上有这样一个记载。齐宣王接着问："臣弑其君，可乎？"臣能不能弑君，即谋杀君主？齐宣王的意思很明显，武王本来是纣的臣下，臣下怎么可以把王杀掉？这不是大逆不道吗？我想这里有一个隐含的假设，跟我们现在对于儒家的误解可能是一致的，就是齐宣王认为儒家是强调忠君的，强调忠君的儒家为什么会支持把君主杀死这样的行为呢？

孟子的回答非常有意思。他说："贼仁者谓之贼，贼义者谓之残。”就是说伤害仁义的那些人应该叫作贼或者残。“残贼之人，谓之一夫”，伤害了仁义的这些人，叫作一夫，就是我们现在讲的独夫民贼，孟子的结论是，“闻诛一夫纣矣，未闻弑君也”，只听说了诛杀了纣这个独夫民贼，没有听说过弑君。这里孟子的意思是，儒家当然反对弑君。但是一个人是不是君主，不是由头衔决定的，还要看他做没做君主该做的事情。他如果没有做君主该做的事情，就不再是君主，而只是空有君主的名号而已。如果他不但不做君主该做的事情，还做了伤天害理的事情的话，他就成了独夫民贼。杀独夫民贼是完全没有问题的。

这里，孟子明确讲了，一个君主或者以君主为代表的政府，如果没有尽责的话，这个君主可以被杀死，这个政府可以被替换掉。因此，从官员到君主，都可以被问责。问责的极致，可以把涉事的官员处死，把涉事的政府换掉。

在我们最后引用的《孟子》的这一段里，孟子做了一个很有意思的区分。君不可弑，但是占着君位的独夫民贼可以诛杀。孟子讲君主可以被问责，甚至可以被处死，这是他革命性的一面。但他这里的说法，也暗含着保守性。他强调，可以杀的不是君主，而是独夫民贼。

换句话说，这个人只是占了君主的位置，他不配在这个位置上，他就可以被替换。但是这个位置本身以及它代表的制度，是不能被随意地推翻的。举一个当代的例子，我们可以去弹劾一个不称职的总统，但是总统这个职位所代表的权威，是不能被推翻的。如果这个机构被推翻了，那就意味着天下大乱了。所以孟子一方面强调，君主、整个政府都要被问责，但他同时又试图维护一种秩序。在革命与秩序之间，他把君主的位置跟具体的人做了区分。

当然先秦与早期的儒家并不都是采取这样的态度，比如《易传》承认，桀、纣是有天命的，但是天命是可以被革去的。孟子相对要更保守一些，孟子否认他们有这个天命。因为他们没有做他们该做的事情，所以这种情况下汤、武的反叛不是真的反叛，也不是革命。

不管怎么样，孟子的问责制一直追究到人主的头上，或者用现在的话说一直追到整个政府的头上，这样的想法在当时是很具有革命性的。据《史记·儒林列传》记载，在汉朝不同的学者之间，还有过相关争论。在汉景帝年间，有一个叫辕固生的儒生，与黄生之间有过一场争论。黄生应该是主张维护君主的绝对权力的人，他基本上跟齐宣王是一个说法，说汤、武弑君、篡位。辕固生则认为，桀、纣干了错事，所以他们已经没有这种天命了。这种情况下，汤、武不算是弑，不算是篡，他们只是把一个没有天命的人给换掉了而已。黄生坚持说，再怎么样，桀、纣也是君上，君上是不能被替换的。辕固生的回应非常有意思，他说如果只要是君上，他再怎么样都不能被替换的话，那咱们汉朝最早的皇帝汉高祖刘邦，他把秦二世替代了，这种情况算不算篡位，算不算谋反？景帝一听不好了，牵累到自己家人身上了，就终止了这一争论。

在这一争论里，我们可以看出，儒家在这一点上是非常具有革命性的，一点都不是我们印象中那种要死忠、保皇的形象。君主当然要保护，但是君主得先要做好君主该做的事情。孟子这种对君主也要问责的观点，很有革命性。但这样的革命性，在近150年的反传统的浪潮里，被很多反传统人士忽视了。儒家被贴上愚忠、专制帮凶的标签，这是非常错误的，违背了《孟子》文本中明确的说法。而在传统中国，那些传统的思想家、政客是非常理解孟子的革命性的。从汉朝初期的争论中，我们已经看到了这一点。后来明朝的奠基人朱元璋，本来是个农民，也没怎么读过书。当了皇帝以后读书时发现，孟子居然说不合格的君主可以被替换掉，把他吓到了，于是朱元璋就把文庙中供奉的孟子牌位给移除了，皇帝不能支持这种反对皇帝拥有绝对权威的人。

所以，从汉代早期一直到朱元璋，他们都非常清楚地认识到，儒家有非常革命性的一面，对政府有非常高的要求。很不幸，近150年，儒家被当成专制的帮凶，这是枉顾传统、枉顾文本的表现。并且很有意思的是，朱元璋把孟子移了出来，但他没有意识到其实孟子这种革命性的观点，在孔子那里已经有了，只不过孔子把话说得温和一些。《论语·颜渊》里，孔子有一段非常著名的话，叫作“君君、臣臣、父父、子子”，这句话经常被理解为儒家在维护君主专制。但是读者有没有想过，这个君君、臣臣、父父、子子是有两面的。它的含义是，臣要尊重君的话，君必须先要做君该做的事情；父亲要尽父亲的职责，儿子才有尽孝道的义务。所以君君、臣臣、父父、子子，是对秩序的维持，而秩序的维持是建立在秩序中的个体（包括居于高位的君与父）尽了与自己的位置相应的责任的前提下的。所以对这样一个看似维护社会秩序的说法，也隐含着对社会失序以后的一种革命观念。就是说君如果不君的话，臣是可以不臣的。桀、纣这样的人是不君的，所以汤武的不臣是没有问题的，并不违反君君、臣臣、父父、子子的说法，甚至可以说表现了君君、臣臣、父父、子子所隐含的意思。当然，孔子说得比较圆滑，或者好听点叫比较圆润；他没有把革命性的一面直接说出来。而孟子把孔子隐含的革命性观点，彻底地讲了出来。

第四节

民有、民享、贤治

现在我们可以看到，孟子不但接受平等的观念，他甚至认为每个人都可以成为尧、舜，也就是说最理想的个人与统治者。统治者的任务是要为人民提供服务。这种服务包括两个方面：一方面是物质需要，一方面是精神需要。统治者是否提供了好的服务，要由人民来决定。统治者或者是整个政府要为这种服务负责，干不好就应该被赶下台。

除了政府在人民的道德建设上的作用，孟子以上说法似乎跟当代主流的自由民主国家的说法是一致的。在一个自由民主的国家里，政府也要满足人民的物质需要。民意是决定政府合法性和政府做得好不好的最终基础。如果政府做得不好，人们可以通过民意把政府替换掉。

当然，孟子并没有说民意怎么表达出来。但我们可以想象，孟子可以接受一人一票的这种方式。如果是这样的话，孟子的说法几乎跟自由民主社会是完全一致的。哪怕是孟子说的所谓道德教育，在自由民主社会里，公民也需要有基本的公民教育。虽然二者不完全一样，但是也有一定的重叠。我们似乎可以得出一个结论，孟子会完全接受、拥抱民主体制。也就是说，孟子或者早期儒家，其实是最早的民主支持者。

但是最后的这种说法是不成立的。确实有很多当代的儒学学者，为儒家辩护的时候说，我们儒家其实一直是支持民主的。但是如果我们仔细看的话，孟子确实有民本的思想，甚至有民有的思想，就是国家最终是属于人民的。所谓的天意只是一个幌子，或者最多是外面镀的一层金。如果我们借用美国前总统林肯的话，民主包含三个方面：民有、民享、民治（of the people, for the people, and by the people），民享就是政府要为人民服务，这一点孟子非常明确地支持。“民有”可争议，不过我们可以为儒家支持民有辩护。但是，哪怕是比孔子要激进很多的孟子也从来没有说过，国家应该由人民去治理，即他从来没有支持过民治的想法。

我们在上一节看到，对官员的升迁与罢免，虽然比起君主的亲信、官员的意见来讲，民意最重要，但是孟子并没有说，君主要按民意做出决定，而是要自己考察了以后再做决定，人民的意见只是问责官员的一个比较重要的部分。在“天视自我民视，天听自我民听”的那段话里，我们看到，舜是不是天子也不是人民决定的。尧推荐舜给天，然后舜跟着尧工作了二十八年，之后人民才有民心归属的表达。至于孟子为诛杀桀、纣的辩护，他虽然说桀、纣这些暴君可以被合法替换，但是孟子从来没有说这一替换是通过人民起义做到的，而是由汤、武这些本来就有一定的政治实力，同时又有足够高尚的道德的人，领导人民去替换这些暴君。

从这些段落里我们似乎可以得出这么一个结论：民意是政权的最终基础，但是民意只是决定了这个政府能不能要，有没有合法性。如果民意决定了一个政府不能要了，要推翻这个政府，这并不是由人民来做，而是要由儒家意义上的精英，也就是君子或士大夫来做，并且他们要有一定的政治地位和处于一定的政治时机的前提下去做。孔子符合君子、士大夫，甚至圣人的标准，但是他没有合适的地位和时机，所以后世把孔子叫“素王”，即不是真的王，而是有王的资格，但是没有王位的人。从这里我们看到，虽然孟子比孔子激进，但是他依然有非常保守的一面。与西哲的洛克不同，他否定人民有反叛的权利。他并不认为统治者的替换通过民意或一人一票就可以直接决定，而精英要起到非常重要的作用。

为什么孟子对民众的参与设定限制？为什么精英在政策决定上要起到这么重要的作用？《孟子·滕文公上》的一段很长的对话里面，孟子对此做了细致的讨论。

这段对话开始介绍了一个叫许行的人，他要实践神农的想法。神农是传说中的人物。到底有没有神农这个人，从现在历史的研究看很不确定。既然是不确定有这样一个人，为什么许行要追随他？我们知道，战国时诸子百家互相竞争，每家都要显示自己的学说才是最好的、最可靠的。在这些不同的学说里，很多学派认为越古的是越好的，比如儒家与墨家似乎就有这样的想法。如果越古越好的话，那么如果我能显示我们学派的创始人比你们的更古老的话，这就说明我的学说要比你的学说要好一些。因为儒家祖述尧、舜，而传说的神农是在尧、舜之前，所以，神农学派把神农当作他们精神的奠基者和精神领袖，可能是跟儒家（以及其他流派）比高下的，也就是说，神农只是一个招牌而已。至于"他"的学说到底是什么，我们下面会看到。

神农学派（有人认为这是诸子百家的农家）的一个

领袖许行，从楚国到了滕国，滕国的君主是滕文公。他虽然不一定是儒家最理想的君主，但从《孟子》其他段落看，他确实是有德行有仁义的一个好君主。许行见滕文公说，我们听说你行仁政，所以我们愿意成为你的臣民。滕文公就接受了他和他的追随者。他们这些人，穿得非常粗糙，吃得也非常简单。他们来了以后，孔子的弟子陈良的两个弟子——陈相和陈辛兄弟俩，也来到了滕国。

陈良是楚国人，而楚国一般被认为是一个蛮夷国家。但在这一段对话的后面，孟子指出，陈良虽然是楚人，但是他接受了孔子的教诲，所以他是华夏人。他这两个弟子是哪里的人，这里没有交代，只是说他们是从宋国来的。所以他们也许是宋国人，而宋国是传统的华夏的国家的一支。但后来孟子批评跟他对话的陈相，说他放弃了孔子的教诲，跟了许行，成了蛮夷。由此可见，对孟子来讲，华夏不是种族概念，是文明概念。

陈氏兄弟来滕国前，还是儒家的追随者。他们到滕国也是出于儒家式的想法，而这一想法与许行及其门人的想法，乍看起来是一致的。即听说滕文公行仁政，于是就投奔滕文公，想成为滕文公的臣民。

但是他们去了滕国以后，陈相见到了许行，觉得他讲东西很好，于是“弃其学而学焉”，放弃了他原先学的儒家思想，改为追随许行。后来陈相见到了孟子，就跟孟子讲许行的想法。许行认为，滕文公确实是一个好君主，但是他还是没有“闻道”，没有达到许行所认定的理想。为什么这么说呢？一个真正的贤者，应该跟人民一起劳作，跟人民同甘共苦。滕文公虽然号称是个贤明的君主，但是滕国有“仓廪府库”，也就是财政税收部门。在许行看来，收税实际上是在剥削人民来养活自己。因此，滕文公不是一个真正的理想的君主。

从这里我们可以大致推测出来这个学派的主张。他们可能认为，每个人都要自力更生。如果每个人都自力更生的话，就不会有剥削；没有剥削就没有利益争斗，这个世界上就不会再有战争。也就是说，人如果都能自力更生、自给自足的话，世界就会实现太平。并且，如果每个人都可以自力更生、自给自足的话，其实人就不需要社会了。没了社会，社会问题自然也没有了。这样来讲，许行这个学派也是一个反社会的学派。而我们看到，孟子认为，没有社会、没有好的政府，人就无法成为人，而会落到近乎禽兽的境地。所以许行这个学派的学说，与以孟子为代表的儒家学说是根本对立的。

针对这种自己动手、丰衣足食的主张，孟子问，难道许行只吃自己种的东西吗？陈相说，是的。那他穿的衣服呢？结果也是一种不用织的简单的材料。但是，当孟子问到他戴的帽子时，陈相承认，这是一种需要织的布，而许行自己不织布，他拿他种出来的粟去交换。孟子就说，那他为什么不自己织？陈相回答说，如果许行自己织帽子的话，就会对耕田这件事情有所妨碍。孟子接着问，那他做菜的厨具、耕田的用具呢？结果也是用粟米换来的。

孟子这时候就说，由此可见，许行也不是自力更生的，他也要去交换。他交换的时候，比如拿粟米去换做饭的陶制的厨具、铁制的耕田用具，是不是在剥削制陶的人或者铁匠呢？反过来，这些工匠用制造的东西换米呢？陈相说不是，因为一个人不可能既干着工匠的活儿，又干耕地的活儿。孟子就说，难道统治一个国家的同时，他还可以花时间自己种地养活自己吗？如果农民和工匠的交换不是剥削，那你为什么说君主收税是剥削？

接下来的一个问题是，统治者用什么跟人民交换？孟子的回答是，交换的是统治者对人民的管理。孟子举例子说，你看尧治理天下的时候，天下很乱，他就任命得力的助手，帮助人民安居乐业。特别是大禹，为了治水，“八年于外，三过其门而不入，虽欲耕，得乎？”他忙得八年连家都不回，路过家门都没时间进去。就算他想耕地，他哪有时间去干这种事情呢？也就是说，理想的统治者为了统治，为人民服务，他就不可能做到自己动手、丰衣足食。因此，他就用为人民提供的服务跟人民交换，换人民的一些粮食、金钱，也就是税收，用于维持他的生活和国家的各种相关开销。这种情况下，怎么能把税收当作剥削、当作君主不好的表现呢？

这是孟子对陈相的第一个反驳。许行学派希望通过自力更生、自给自足来消除人间的争斗。这样的社会，人和人的交往并不是必需的，也就是说，人是不需要社会的。社会性不是人的本质属性。但在孟子看来，人之为人的一个根本特征是其社会性。人是无法做到完全靠自己生存的，人的生存预设了分工合作。孟子通过强调社会分工的必要性，展示了人必须要有社会性、人离不开社会交换的观点。

我想，仔细思考以后，多数人会接受孟子的说法。当然，社会也是我们很多烦恼的来源，很多人也有所谓"社恐症"，因此有些人会经常有脱离社会独立生活的愿望，但是人是做不到这一点的。很多所谓浪漫主义的学派，老想去躲开繁杂的人世，找到一片净土。在美国20世纪60年代末的时候，很多反战、反社会的嬉皮士，决定去地广人稀的蒙大拿州独立生活。但他们很快发现，彻底脱离社会的生活，是很难做到的。我们可以和一些志同道合的人去过与社会相对隔离的生活，但是，我们至少需要一个社群，而不是独立的个人。

不过，孟子的反驳并没有到此结束。他还有一个进一步的反驳。这个反驳，就很有争议了。我想，这个反驳可能大家也都听过，就是他对大人和小人的区分，即所谓的“有大人之事，有小人之事”。管理者与被管理者之间不仅仅是社会分工不同。管理者是大人，被管理者是小人。与此相关的一个区分是：有的人劳心，有的人劳力，“劳心者治人，劳力者治于人”。治于人者要供养那些管理他们的人，也就是人民要交税给统治者。孟子说，这是“天下之通义”，也就是普适的真理。

管理者与被管理者要有社会分工和交换，很多人会接受。但是这里孟子讲，他们之间的分别不仅仅是社会分工的差别，还是一个等级高下的不同。后一种说法，可能接受的人就要少得多。特别是现在，我们说有人是小人的时候，是骂人的话。但我们应该明确的是，孟子说大人、小人，并不是在骂人，而是在描述。因为在理想社会里，能去管理民众的人是那些能够对民众关心的人。能够对民众关心的人说明他的仁心得到了充分发展。

前面我们看到，就孟子而言，仁义的发端，我们都是有的，都是一样的，但是并不是所有人都能把它培养好。孟子讲四端，就像人的四肢一样。你把这四端好好培养出来，就像你的四肢充分发展，成了一个个子大的大人一样，你就成了道德意义上的大个子，也就是大人。如果你没有好好培养，你的道德四肢很小的话，你就是道德上的小个子，也就是小人。所以“大人”和“小人”是从道德成长的意义上描述人的，并不是骂人的话（虽然可能对道德上的小个子，有鞭策的意味）。只有这种道德上充分发展的人，才能够去关心他人，管理好人民。

还有一点需要说明一下，孟子这里将劳心与劳力做了区分。读到这一段，很多朋友可能会略感安慰，因为现在很多人是所谓的脑力劳动者，好像就是孟子说的劳心者。但是在这一段里，孟子给出的劳心者的一个例子，就是大禹。在他治水的时候，他做了很多体力活儿。他虽然是政治领袖，但是他在治水的时候，也是体力劳动者。

因此，孟子说劳心与劳力的差别，并不是我们现在说的脑力劳动与体力劳动的差别。如果一个人的劳动是为了统治，为了让人民安居乐业，那这个人就属于孟子意义上的“劳心者”。如果劳动只是为满足自己与自己小家庭成员的物质需要，那你是孟子学说意义上的“劳力者”。劳心与劳力、大人与小人，是理想的统治者和人民之间的差别。只是在农业经济时代，可能干活糊口养家的，往往是体力劳动者而已。在现代工业和信息产业的时代，很多这些基本生产劳动的形式，并不是体力劳动，而越来越多的是脑力劳动。在孟子意义上来讲，这些脑力劳动者应该被算作劳力者，而不是劳心者。比如现在的所谓“码农”，尽管是脑力劳动者，但他们大多是人民的一员，是统治者服务的对象。所以，码农里的“农”字，确实有一种贴切感。

19世纪末20世纪初，西班牙哲学家奥特加（José Ortega y Gasset），做了一个相应的区分。他说，虽然现在很多所谓的脑力劳动者，似乎上过大学，有一技之长，但是他们是所谓的learned ignoramus，“有所学的无知者”。他们做的是脑力劳动，掌握了一些专门的技能，比如计算机编程，但是他们对政治管理是无知的。用孟子的话说，这些人是劳力者，是小人。

奥特加提到，很多教师也是属于这种有所学的无知者。我在美国大学教书的时候，曾跟英文系的一个老师有一段对话。他是比较保守的、偏共和党的人。他跟我说，你看这些民主党人，让囚犯也出来投票。我就跟他说，其实囚犯比我们当老师的可能更有资格去投票。我们老师天天忙着备课、读书、判作业，哪怕像我这样对政治感兴趣的人，对这些竞选双方的比如具体的税收政策，既没有兴趣，也没有时间去研究。倒是美国囚犯，因为待遇比较好，他们有很多闲暇。当然我是在开玩笑，囚犯有闲暇，人多也不会去用来了解政治，解决民间疾苦。但是，哪怕是像我这样在大学里面研究和教授政治哲学的老师，可能也还不是一个真正意义上的劳心者。

虽然有大人与小人的区别，虽然有这种等级的、不平等的说法，但是我们同时还要注意到孟子明确地指出，每个人都有恻隐之心，每个人都可以成为尧、舜，每个人都可以成为政治的决策者、管理者。用哲学一点的术语来讲，就是每个人在潜能上都可能成为一个理想的统治者。如果是这样的话，政府就有责任为每一个人发挥自己的潜能提供所有可能的机会，也就是现在所说的机会平等。要给人民基本的教育，基本的医疗，基本的生活保障；并且，如果民众想参与政治讨论的话，应该给民众政治讨论的时间，要有信息公开与言论上的自由。但是，即使都提供了这些机会，在现实中，每个人努力的结果也会不一样。到了一定的时候，即使开始他有潜能，但他可能已经失去了发挥潜能的机会。举个例子，比如我自己从三岁起，如果一直学习足球，不说成为一个伟大的足球运动员，但是成为一个职业足球运动员，还是有可能的。但是现在我已经年过半百，如果放弃大学教师的职位，去学足球的话，我再怎么努力，恐怕连成为一个平庸的球员，也是一点可能都没有的。

虽然我们开始的潜能是一样的，但是因为个人的努力、因缘际会等，很多人的潜能被淹没掉了。这种情况下，我们应该把政治决策的这些权力，更多的给那些有兴趣去献身于这些事情并且使潜能充分发挥出来的人。这里除了能力，兴趣也很重要。如果我是一个生物学家，就喜欢研究生物学的东西，对政治没有兴趣，那么，一个比较自由的社会里就应该允许我去追求我喜欢的事业。但同时因为我对政治没有兴趣，没有时间研究，我对政治的判断就是有限的。如果我对政治的判断是有限的，政治的参与能力也有限的话，在政治决策里，我的声音就应该被给予相对小的位置，而应该让那些既发展了自己的能力，又关心人民，且有兴趣去管理政治的人在政治决策中有更大的声音。

对那些对关心他人有强烈兴趣的人来讲，如果把自己的能力和追求发展到能够管理一个社区，那他就成为社区的领袖；如果是几个社区，就成为几个社区的领袖；如果是一个县，就应该能成为一县之首；依次类推，直到天下的领袖。

这么来看，孟子确实像别人攻击儒家的那样，倾向于保守和“复古”。他确实在恢复一个封建体系，一个金字塔式的结构。但是这个金字塔结构不再是从上到下的，而是从下至上的；不是根据个人出身与血缘，而是根据个人的能力与道德的“大小”，来决定他做哪一级的统治者。这是孟子的理想的管理状态。孟子认为，国家治理的权力是属于这些贤能、儒家意义上有道德与能力的人的。民众由于能力、时间、兴趣等因素，缺乏对政治的良好判断，因此他们的政治决策权就要大打折扣。在政治决策中，民众的声音就应该受到限制。

但是我们要注意到，孟子还认为“天视自我民视，天听自我民听”。政府的存在是为人民服务的，他们这种服务人民是否满意，是要由人民去决定的。这个看似矛盾，其实并不是。学者田史丹（Justin Tiwald）做了一个很好的比喻。民意就像天气一样，是要下雨或者是要出太阳，这是天气情况所决定的。但是我们知道天气情况以后，决定要怎么行动，这是天气本身不能决定的。对一个政府满意与否，本身要由人民来做决定。人民满意或者不满意，下边我们应该怎么做，这些是超出了人民的判断范围的，而应该由儒家意义上的精英来决定。

在这个意义上讲，孟子的理想政体是结合了民意的自由与充分的表达和精英决策的混合政体，这样一个政体，似乎跟民主的一人一票的政治是不一样的，因为民主的一人一票政治意味着人民通过每个人的一票，直接就决定了政治的最根本的事情。而当代孟子的追随者会认为，可以通过一人一票的办法来表达民意，但是民意表达出来以后，精英要做决策。因此，孟子的理想政体跟我们一般理解的通过一人一票来做出政治决策的民主政体是不一样的。

第五节
混合政体的具体设计及其之于民主政体的优越性

我们现在知道了孟子的理想政体与民主政体的不同。那下面的一个问题是：到底哪种政体会更好一些？现在有些学者，包括我在内，试图在说明儒家意义上的混合政体可能是更好的政体。如何论证这一点呢？

像上一章最后一节展示的，自由民主体制包含不同成分。一百多年来，我们一直在反传统，妄自菲薄。现在中国崛起，有些人从这个极端走向另一个极端，即妄自尊大，以为我们自己什么都好，西方什么都不行。西方能走到今天，有它的原因。传统中国能长期独步世界，也有它的原因。我们要具体地判断，中西的制度，到底什么是好的，什么是有问题的？

回到儒家政体对自由民主政体的修正，我认为，自由民主政体中的权利和法治是好的，儒家也能与其兼容。我们讲的儒家混合政体，首先要承认法治与人权。在这一前提下，政府还要给人民提供最基本的生活、教育、健康保证。在这样的条件下，如果人民要参与政治，政府要与人民分享充足的信息，给人民闲暇，让他们能去参与政治。这些是儒家的混合政体与自由民主政体都接受的。但是，在这些共同的前提条件下，儒家还是认为，人民在政治上缺乏好的判断与决策能力，而要加强精英在政治决策中的作用，修正民主的缺陷。为什么？因为以一人一票为机制的民主政治，会遭遇四个挑战。

第一个挑战，民主社会常有的一种意识形态是，人民的眼睛是雪亮的。这经常隐含着一种对精英的怀疑，使得民主社会容易产生一种反智、反精英的倾向。比如，在美国的选举里很重要的一点是，如果你想当选的话，就要打扮得跟人民一样。显得跟人民不一样，人民不会把你选上去。所以竞选里很重要的一个策略就要把对方塑造成精英，把自己打扮成人民的一员。一个比较有意思的例子是，当时小布什跟麻省的参议员克里竞选总统的时候，克里就被描述成一个东海岸的精英。小布什说话带着被当成是乡巴佬口音的南方腔，并且被看成是不够聪明的人，但是，他反而招人民喜欢。但其实我们仔细去看的话，小布什和克里都来自东海岸的显赫家族，并且小布什家族要比克里家族显赫。小布什是布什家族的嫡长子，克里是克里家族的边缘人物。他们俩都上了耶鲁大学，参加了同样的精英社团，小布什后来还上了哈佛商学院。在耶鲁大学的时候，很多人可能不知道，小布什的成绩比克里还要好一点，包括哲学在内。所以，两个人其实都是精英，小布什大概也并不是像有人描述得那样蠢。但是，为什么我们会有这样一个印象？那只能说明小布什团队是非常聪明的竞选团队。他们知道在美国想当选的话，在一个民主社会想当选的话，太像精英、太不像人民的话是选不上的。

这样就有了一个问题。对精英、知识的怀疑，会对政治的良性发展造成坏的效果。前面我们提到，如果你还想装君子的话，这个社会还是有希望的。如果你连君子都不想装的话，这样的社会就彻底没有希望了。如果一个社会不尊重真正的道德、真正的知识，那就是一个非常危险的社会。

很有意思，在美国，有人做过调查，发现民选的国会，是最不被人民看得起的。反而是不经人民直接选举的，比如军队、最高法院、联邦储备银行是最受人民信任的。为什么会这样？因为美国政客经常说，你把我选到国会去，我到国会的目的就是要把国会给拆掉。这也与政府是不必要的恶的观念相关。这样一种对政府的鄙视态度，会造成一种恶性的循环，或成了自我实现的预言。这是理念层次上一人一票带来的问题。

第二，很多当代的政治决策，不仅仅跟选民相关，还跟非选民相关，比如未来世代，又比如外国人。但是如果机制上政治决策只依赖于选民，那么这些非选民的利益就得不到考虑，除非这些选民会主动并且有能力为未来世代和外国人的利益着想。但是，下面我们会看到，这些选民为自己的短期利益着想都有问题，所以让他们为未来世代和外国人着想，更是不可能的事情。

比如，气候变化，至少在短期内，直接影响的是有限的人群。其他国家排放二氧化碳，造成全球暖化，海平面上升，受害的是孟加拉国或者瑙鲁这些地方的人。但二氧化碳排放大国，往往不是这些国家。这种情况下，排放多的国家的人民，如果只考虑自己的利益，不会反对排放，因为受害的，并不是他们。

又比如财政赤字问题。财政赤字是花外国人和将来人的钱，来满足现在活着的人的生活。美国特朗普总统减税，让美国现在的选民尝到甜头，但使得美国财政赤字大幅度增加。这些赤字或是从中国、日本那里借钱暂时补上，或是让将来的美国人还。哪怕将来的美国人不愿意，或者他们还没出生，或者还没到投票年龄，都无法反对。所以这种赤字政策，虽然外国人和将来世代的人可能会反对，但是容易受到当下选民的支持，从而很难得到解决。

第三，在民主社会的选民内部，有些是强势的，有些是弱势的。强势的对弱势的经常是压制的。在民主化不久的国家里，比如巴尔干半岛，比如非洲一些国家，因为自由与人权发展不完善，这些国家一民主化，发生的第一件事情往往是种族屠杀。当然，在一个自由民主社会，因为法治和人权的约束，这种事情不会发生。但是多数依然会对少数有非暴力的或者隐性的压制。

第四，前面提到，民主制度的一个基本预设是"人民的眼睛是雪亮的"。具体来讲，如果每个人都按自己的短期物质利益投票，那么投票的结果，就是把以个人为单元组成的国家之利益或公益表达出来。因此，如此理解民主制度的一个最根本的假设是选民是理性的，他能从自己的短期利益出发，权衡利弊，做出决策。但是现在越来越多的经验和研究发现，人民连这样一个非常有限意义上的理性决策都是做不到的。

除了人性本身的问题，当代社会的两个根本条件，让这样的理性决策变得越来越难。一是现在的社会几乎都是全民劳动的社会，就是孟子讲的劳力者，每个人都在为自己的生活奔忙。如果是这样的话，他就没有闲暇去思考国家政策与自己和他人的关系。没有时间为政治操心，自然就很难做出好的政策决策。二是当代绝大多数的国家是大国，这使得政治事务变得非常复杂。人民本来就没有时间，复杂的政治事务可谓雪上加霜，让他们更无法做出好的政治选择。这里说的大国不是说必须像中国这样十几亿人口的国家，任何超过百万人口的国家都是我讲的意义上的大国。在这样的大国里，让选民考虑国家政策与自己的利益关系，因为离自己忙碌于其中的日常生活太远，选民就很难做出判断。一个美国人可能连伊拉克在哪里都不知道，他怎么可能就美国对伊拉克宣战对自己是否有利做出正确的判断？我自己的生活与工作区域在复旦大学附近，不用说中国的政策，哪怕是上海离我生活和工作区域五公里的另一个城区是否应该建一座桥，也都是很难判断的。

我们可以从另一个角度来看这个问题。人类历史上第一个民主国家是雅典。雅典民主的运作包括两个非常重要的条件。第一，它是一个小国，全盛时期大概有二十万人口，已经很小了。并且人口中只有两万是有政治参与权利的公民（人口中其他人包括女性、外邦人、奴隶等）。第二，雅典公民全身心参与国家的管理、政治活动。之所以能全身心参与政治，像孟子讲的，需要有劳力者给他们提供基本的生活需要。那谁是雅典的劳力者呢？奴隶。也就是说，雅典的民主制的良好运作与其奴隶制是紧密相关的。但是我们现在已经没有奴隶制了，这当然是一件好的事情。但代价是我们无法从日常劳作中解放出来，没有闲暇去考虑这么复杂的大国的事情。

如果我们理解了对一人一票良好运作的四个挑战，我们就会意识到由人民去决策、治理国家，有一些根本的缺陷。因此，也许孟子讲的贤能和人民相互制衡的混合政体，是一种更好的制度设计。在这一混合政体中，民主的因素还是有所保持的，这一机制被用来将民意反映上来。在这一制度里，并不是一些贵族老爷让人民"被幸福"；人民幸福与否由人民决定。同时，因为人民的政治判断能力有限，所以要加强精英在政治决策中的作用。

如果孟子式的民意跟精英的混合政体是更好的，那么这一政体具体是如何设计的？在这一点上，我对孟子的一个批评是他缺乏从制度上讨论其思想如何实现的问题。这也是韩非子这样的法家对儒家的一种批评。如果我们接受这样的批评的话，可以想象一下，依照孟子式的思想，我们能不能给出一个可操作的机构建制？

前面已经提到，在民意表达上，我们可以通过一人一票的直接选举，甚至可以通过抽签的办法，选出民意代表。这里真正困难的问题是如何选拔精英。对儒家的贤能思想的一个常见的批判，就是儒家没有提供一个可靠的选拔机制。其实在中国历史上，有很多可参考的机制，其中最著名的就是科举考试。在中华帝国的晚期，因为越来越多的人能通过这些考试，这种选拔办法变得越来越随意。但是我们可以想象，在立法的机构中，成员为精英或贤能的上议院可以以考试作为门槛，或者作为选民的门槛，或者作为被选的上议院议员的门槛。如果想为上议院候选人投票，或者成为候选人，就要经过基本的知识考试，起码要知道伊拉克、叙利亚在哪里，再去参与上议院的选举。当然，让选民考试可能花费太过巨大，因此让候选人必须通过考试是更可行的办法。这些考试可以包括国际知识，也可以包括对国内经济的了解。这可以像中国的高考一样，分几个科目。候选人可以选择几项去考，考过了他才有被选的资格。这可以说是改良的科举制的办法。

科举制度还有层层选拔的特征，这个我们也可以移植过来。比如最低一级的立法机构只有一院，由人民直选。我们看到，民主的问题在于国家太大、人民太忙，所以人民无法做出好的选择。但是在一个小社区里，大家的利益是相互关联的，也是比较明确的。在这种情况下，小社区里可以直接用民主选举的办法。超过小社区的话，比如下议院还可以通过民主选举或者抽签，上议院可以让下一级的立法机构的议员去选上一级的立法机构中的上议院的议员。这是选拔精英的第二种可能的办法：分层、间接选举。

第三种办法，也是基于传统中华社会实践过的机制，比如汉代的举孝廉，可以把有道德的人选拔出来。当然，这里的问题很大。汉代举孝廉时，就有假装孝顺的骗子等问题。所以，这里的关键问题是怎么把真正的有道德的人选拔出来。我们可以考虑，比如有些职业可能起到近乎道德考察的作用。比如在美国，一个来自中产阶级家庭的人去参军往往是爱国的表现。如果来自穷人家庭，他参军的话可能是因为美国军队是有福利的，比如服兵役以后，军队可以付钱供他上大学。而来自中产阶级家庭的人，没有经济压力，参军更可能是出于一种爱国情怀。但是即使是来自穷困家庭的学生，如果经过军事训练，又去上了大学，他也是素质比较好的人。因此，在美国，凡是志愿参军并且又完成了大学教育甚至研究生教育的话，这样的退伍军人群体，可以在上议院里给他们指定一定的席位。

我们看到，特朗普总统是没有经验，甚至是非常愚蠢的。但是开始的时候，一些共和党人觉得他不会干得太糟糕，为什么？因为他任命了一些退伍军人做他的内阁和幕僚。这些退役的将军，是很有献身国家的精神的，并且比较正派，还有一定的知识素养和学术训练。

还有一些其他的团体，比如科学家团体。科学家经过多年训练，所获得的基本素质，就是要保持客观，寻求真理。这样的素质对政治也是非常重要的。有些特定的群体，比如非政府的环境组织，他们关心环境，然后献身于这样的事业。所以，也许可以给非政府组织也留出一定的席位。

还有另外一种考察道德的方法。就像举孝廉这样的制度，它还有一个实践考察的过程，把被考核的对象安置在一个地方的职位上，看他做得到底好不好。仍以美国为例，如果一个州长当了两届，支持他的比例一直维持在40%以上，并且他没有任何犯罪的嫌疑、被指控这样的问题，那么两届以后，我们可以直接任命他到国家层级议会的上议院里去（在美国是参议院），让他去干一届，任期十年。

上面第三种办法，其实是一种改良的举孝廉的办法，也是传统中国儒家思想与法家制度化的结合的成果。道德好像不好评判，但我们可以找到一些考察道德的比较可靠的替代方式，比如前面提到的志愿从军的经验、科学训练、在行政部门服务的经历，等等。通过这种办法，我们就能把这些儒家意义上的有道德、有能力的贤能辨识出来，让他们进入上议院。

上面提到的三种办法，并不互相排斥，可以混合使用。通过这些办法，我们选拔出了上议院的议员。接下来，我们可以根据某种法律规定，综合上议院与下议院的决议，制定国家的根本政策。比如一个法案，下议院50%的成员投票通过以后，上议院可以用简单的多数否定。然后，下议院可以用绝大多数（比如达到2/3人数的多数）去否定上议院的简单多数。最后如果上议院超过2/3的绝大多数再次否定了下议院的决议，上议院的意见最终成立。我们也看到，孟子式的混合政体并不完全抛弃当代的自由民主制度，而是对它的一个重要修正。

有意思的是，虽然上述的选拔方式借鉴了很多中国传统的做法，但是最接近这种混合政体的现实制度，并不在中国，而是美国立国时的体制。美国立国时有一批所谓的联邦党人，他们对人民的政治能力也是非常怀疑的。因而他们设计了很多政治机构，实际上就是为了对民意有所限制。比如参议院，当时参议院的议员是由州议院的议员间接选举的，就是前面我们提到的间接选举的方式。总统由选举人选出，而各州的选举人是通过选民直接选举的。现在的美国总统也还是由选举人选举，但是他们必须按州的普选票来投票。但在美国立国之时，各州选出选举人，选举人根据自己独立的意志再去选总统。这也是对政治不够知情的人民的民意的限制。但是那时，美国有很多不公平的地方，比如女性与黑人被排除在选民之外。随着平权运动的发展，随着女性与黑人获得了选举权利，以前限制民众的一些做法也被修改，脏水跟孩子一起泼了出去。孟子的理想制度可以在美国找到最好的现实例子，他的考虑与联邦党人呼应，这可能恰恰展示了孟子思想的普适性。

当然，孟子式的混合政体，似乎对政治平等有所限制。这与很多人相信的自由民主体制的根本理念似乎是冲突的。确实，从大人、小人之别到爱有差等，孟子乃至儒家有一种根深蒂固的“不平等”思想。在我们对儒家的新天下体系的讨论里，我们看到，这种爱有差等有其深刻之处。在国内政治上，儒家对贤能的强调，也有其优势。这一点，我们在这一节里给出了一些辩护。在这一节的最后，让我再回到《孟子》的文本，看看孟子给出的另一个对政治不平等的辩护。

前面提到，孟子与“儒家叛徒”陈相有一段很长的对话。在这段对话里，孟子批驳了陈相所追随的许行的平等与自给自足的观点。在这些批驳之后，陈相为许行的理论进行了最后一次辩解的努力。他说，如果你按照许行的主张，一样重量的东西，就会卖一样的价钱。只要布帛的长短一样，就卖一样的价钱；鞋的大小一样，就会卖一样的价钱，等等。在这种情况下，哪怕一个小孩子去买东西，也不会被欺骗，这个国家就没有欺骗了。许行这里主张的是一种大平等的想法。

对此，孟子的回答是：“夫物之不齐，物之情也。”东西是不一样的，这是东西的“情”——情不是感情，而是情实、事实。世间事物不平等是世间事物的一个基本事实。孟子接着说，如果你非要把这些不同的东西变成相同的东西，是把天下弄乱了。如果好鞋跟不好的鞋（在长短一样的情况下）同一个价格的话，谁还会去做那些好鞋呢？最后他指出，如果追随许行，天下就“相率而为伪者也”，天下就会互相攀比着去作假。“恶能治国家？”这样怎么能治理国家呢？

大家想想，许行的主张似乎有其道理。为什么现在这个世界假货泛滥？为什么有假的苹果手机？因为苹果手机贵！但如果按照许行的主张，所有的手机，只要同样大小（或者同样重量），都卖一个价格的话，那这种情况下谁还会去做假苹果手机呢？这似乎听起来很有道理。

但是孟子反驳说，如果好的和不好的东西都一个价格的话，谁还会做好的东西？其结果是我们做的东西会越来越差，人类社会就会越来越退步。我想，这一点是大家比较容易理解、接受的。但是他的另一种说法，可能不太好理解。他说，如果搞这种去除市场竞争的大平等的话，那么天下都会争着作假作伪。为什么呢？我们可以想想，如果工作干多干少、干好干坏没有差别，在这样一个大平等主义的情况下，很多人会装着干活、磨洋工，因为这样是最符合他自己的利益的。当其他人发现可以混日子的话，他们很可能会跟着学。这就是所谓的“相率而为伪者也”。不平等被消除，大家就没有了竞争向上的动力。于是越来越多的人就会假装工作，社会就会不断地堕落和退化。

孟子对大平等的批评，可以说是他乃至儒家的非常深刻的洞见。“物之不齐，物之情也。”天下的人与事物是不一样的，是不“平等”的，这是一个基本的事实，这种不平等是无法消除的。如果人为地和刻意地消除不平等的话，这个不平等会以某种方式再出现。因此，有意义的问题不是如何消除不平等，而是既然不平等无法消除，在可能的不平等里，哪种不平等最好？当然，对这个问题，我们要问：对谁最好？儒家会说：对人民最好。在这个背景下，我们想想，孟子的大人与小人之别，其实像一个圈套。你是精英，本来可以自己挣很多钱。但是，我们让你当“大人”，在政治上我们给你更高的地位。你作为“大人”，就必须为“小人”提供服务。也就是说，这样政治上的不平等实际上促进了人民物质生活水平的提高。因此，这种政治上的不平等，从儒家来看，是一种比较好的不平等。

举一个例子。美国是标榜政治上平等的国家，但是美国大企业主、银行家的收入，要远远高于一般人。相对来讲，韩国和日本受儒家影响，是政治上相对不太平等的国家。但是这些国家的经济精英与一般工人收入的差距，比美国要小得多。为什么会这样？一个可能的原因就是来自儒家的洞见：“物之不齐，物之情也。”人都是想出人头地的，如果在韩国和日本，工厂主的出人头地的心理能通过工人对其的尊重得到满足，这样，即使他挣的工资比工人没多多少，他也可以接受。在美国，当个工厂主并不受到人的尊重，所以他就要在其他地方得到满足。怎么办？这就只能诉诸最赤裸裸的、看得见摸得着的东西，更多的收入，更好的车子，更大的房子，这样才能满足自己高人一等的需要。儒家提的是这样的问题：你是希望生活在一个看似人人平等，但是贫富差距极大的国家呢，还是希望生活在一个要对大人有所尊重，但是贫富差距并不大，人民过得也比较富足的国家？

当然，你可以不作出儒家具体的选择。但是，儒家的洞见还是在那里的。如果不平等是人类的事实的话，我们不要想去消除不平等，而要问哪种不平等才是最好的不平等。

第六节
孟子思想在企业中的应用：以海底捞为例

本书的讨论，集中于政治的问题。但这里的政治，是广义的政治，企业也是这种广义政治组织的一种。在这一节，我会略微展示一下，我们讨论的孟子思想能否对企业管理有所启发。

我们看到，孟子虽然强调尊重权威，但是权威必须做出配得上这种尊重的事情。儒家对权威的尊重不是单向的。《论语·八佾》里，孔子说："君使臣以礼，臣事君以忠。"君要以礼对待臣下，这种情况下臣才对君有忠的义务。这与我们在这一章里看到的政府与人民的关系也是一致的。

在《孟子》里，我们也明确地看到了这样的观点。在《孟子·离娄下》的第三段，孟子跟齐宣王说："君之视臣如手足，则臣视君如腹心；君之视臣如犬马，则臣视君如国人；君之视臣如土芥，则臣视君如寇仇。”君如果把臣当自己的手足的话，臣就会把君当自己的肚子、自己的心。君如果把臣当狗、马的话，臣就会把君当作一个陌生人。君如果把臣当作破泥烂土的话，臣就会把君当成敌人。

这时候齐宣王就问，你看根据礼的话，以前君主死后，臣下会为他服丧。我怎么能让臣下在我死以后，为我服丧呢？孟子回应说，听从大臣的劝谏，为人民谋福利。如果你的臣下要离开你的国家，去别的国家当官，你应该把他护送出你的国土，并且在他履新之前，帮他安顿好，比如帮他先找好房子。他离开你的国家、去别的国家工作三年还不回来的时候，你再把国家给他提供的福利（比如田地）收回来。这样，将来你死了以后，臣下会为你守孝三年。但是现在的君主，对待想“跳槽”的臣下是不一样的。臣下本来想为你服务、劝谏你，你不听。这个臣下觉得，既然我在这里起不到任何作用，那我换个地方。于是你能抓住他，就把他逮起来；抓不住他的话，就到新的地方，败坏他的名声，让他处于困顿的状态。他刚离开，你马上把他的田地全给没收了，这是一种寇仇、敌对的状态。既然是这样的状态，臣下当然用不着在敌人死了以后为他服丧。

前面提到，虽然这是政治上的讨论，但是也适用于企业这种广义的政治组织。如果把孟子说的这段话翻译成当代企业的语言的话，他是在说，如果企业里有一个能人要跳槽的话，你要帮助他。比如他要搬到另外一个城市，给他搬家费甚至帮他买好机票，送他去，帮他找好房子。你这边给他的福利，比如股票，给他留着，留三年，他不回来了再把这福利收回去。

而实际上呢？现在企业不能把想跳槽的能人抓起来，那怎么办？那就想法去构陷他。现在经常有跳槽的人被原来的企业告的。告不了怎么办？还可以威胁，比如说你走的话我把你的股票和其他的各种福利全收回来。威胁不行，就去新的公司给他造谣，给他制造各种麻烦。这是一些当代企业对跳槽的能人实际上的做法。这些做法与战国时的君主的做法很像。能人跳槽好像对原来的君主或者企业的利益都是有伤害的，所以君主与当代的企业都是无所不用其极，阻止这些跳槽行为。

上面是孟子的说法。下面我们还是要去想一想，他这种说法到底是不是有道理？我们想解释一个文本要做两件事情，一是要把文本不同部分的说法，尽量在逻辑上一致起来。但是，即使我们做到这一点，我们还是要问，这个逻辑一致的体系，到底讲不讲理？很多体系，虽然内部逻辑很一致，没有任何问题，但它的基本假设、基本立场一听就让人觉得是胡言乱语。美国作家汤姆·沃尔夫说过一句话：比疯子更可怕的是有逻辑的疯子。如果仔细听一些疯子的言论，会发现，他言论内部是可以很有逻辑的，只是他的基本假设是错的。回到孟子这种说法，虽然这与他的其他说法是一致的，但是乍听起来，这种说法太过天真了！现在威胁都不能把能人留住，还礼遇他，他走的话还善待他，那我的能人岂不是都要走了吗？！坦率地讲，我自己读这段话的时候，开始也是这样的反应。

但我发现了一个例子，说明孟子的这套办法可能是有效的。大家可能知道一个连锁火锅店海底捞。我在不同场合讲《孟子》这一段，经常举这个例子。第一次去海底捞，我发现它的服务确实特别好。大家去很多饭馆，服务员经常没事就互相说话，甚至有事的时候也互相说话，不爱搭理顾客。在海底捞，我就没有看到过服务员在那儿聊天的，永远是看着顾客。我很奇怪他们是怎么做到的，于是就在网上找相关的报道和研究，包括哈佛大学商学院做的海底捞的研究案例。

从我一个门外汉收集到的材料来看，他们的很多做法其实很有儒家色彩，或与儒家的理念不谋而合，不仅仅是这里讲的君臣关系的处理，还包括之前提到的很多儒家的想法，都在海底捞的企业安排里很好地实现了。比如刚才讲的跳槽问题，因为海底捞做得非常成功，所以很多与它竞争的饭馆要挖它的管理者。海底捞有一个规定，如果一个店面经理决定跳槽，哪怕是跳到比如小肥羊这样的直接有竞争关系的企业里去，海底捞不但不会阻拦、惩罚、制造麻烦，还会送给走的这个店面经理八万元人民币的“嫁妆”。之所以叫“嫁妆”，是因为很多海底捞的店面经理以及服务人员是女性，而嫁妆的意思就是说这些店面经理就像我们海底捞自己家的女儿一样。女儿要到别人家去了，我们娘家要送给她嫁妆。这里恰恰就是孟子讲的，如果你的能人要走的话，不要去拦着他，不要给他制造麻烦，还要给他送礼，甚至帮他找好地方，给他点钱。海底捞就是这么做的，与其他企业的做法完全相反。但是据说迄今为止，很少有人拿八万元“嫁妆”跳槽走掉的。这是对店面经理。即使是一般员工，他们都住在相对条件较好的宿舍里，不是地下室，都是有物业和管理人员的。这恰恰是孟子讲的，如果你以真诚礼貌去对待别人的话，别人也会以相应的态度去对待你。

因此，虽然孟子这种说法乍听起来非常天真，但在海底捞这样的企业里，这个想法不但得以实践，似乎还很成功。海底捞还有一些做法，也有儒家的影子。我们前面讲到儒家之所以重视家庭，是因为家庭能让人跳出狭隘的自我，从而有更广泛的关怀，或至少是家庭让人有一种更大的归属感。在海底捞排队的时候，有免费给顾客擦鞋的服务。有一次我在海底捞等位子，门口擦鞋的是个男的。我问他，你家里人在哪儿呢？他说，我老婆是在里边送毛巾的，我女儿是里边的服务员。有些企业的做法，往往是正好相反。不但一家人不能一起雇，甚至同乡、同县的人都不能一起雇，因为一起雇的话，如果他们拉帮结派，比如搞罢工之类的，这样就坏了。据说富士康是按照这个原则来管理的，禁止同乡在一个车间里工作，防止他们联合起来，弄出乱子。

而海底捞雇一家人是常有的事情。如果是夫妇的话，他们会有自己单独的一个房间，有比较好的待遇。在海底捞表现比较好的员工，年终的时候会有公司提供的火车票，让他们回家去看父母。并且，他们年终奖金有一部分是给父母的。通过这样家庭的拓展，儒家会说，人就不再会为自己的小我去盘算，而要去为一个大我、家庭，甚至为他人去盘算。这样能形成一个良好的群体气氛。

我们可以想象，海底捞的员工处在相对比较快乐的状态，跟他有家人、同乡的互相支持，可能有很大关系。即使他有不顺心的时候，有父母、亲人、同乡，至少能听得懂他的方言，能聊聊天，使心情得到抒解。这恰恰是儒家看重家庭的一个原因：通过把个人与他人乃至社会联系起来，以避免个人为自己的短期物质利益，做出糟糕的、伤害自己或是他人的决定。

与这个做法相对的，我们可以看到富士康的做法，实际上是不鼓励同乡在一个车间工作的。所以这些工人在车间的时候，就是流水线上的一双手。据富士康的高管说："我们只需要一双手，但来的却是一个人。"从利益出发，富士康希望工人就是生产线上的一件工具，一双没有人的情感的手。但"很不幸"，工人是人，是有情感的。但同车间的人连他的方言都听不懂，睡觉是大家轮着睡的一张床，室友之间没有交流。人们处于这样一种孤独的自我状态，一有不顺心的事也许就会去走极端。

我们看到，海底捞的做法也佐证了孟子另一个观点：合道义的行为会带来一种长远的利益。当然，我没有见过海底捞的创始人张勇，也不知道他的经营理念是哪里来的。我这里只是说，他的做法跟孟子的主张是相契合的。这种契合展示了儒家想法的可行性。

这里也要补充说明一点。我们不应该因此得出结论，完全靠儒家思想，就可以给出完美的结果。比如，海底捞还有一些其他的做法，不完全跟儒家一致。海底捞任何一个服务员都可以因为等位太久、菜的质量等问题，为顾客无解释地免单或者送菜，也不需要请示店面经理。这不完全与儒家思想一致，但确实是与儒家支持的封建的做法相呼应，我们前面讲了，封建的一大特征是地方自治。海底捞信任它的服务员，让他们根据具体情况去自行决定。这虽然不完全是儒家的想法，但也是跟儒家强调的人的主动性、自觉性相呼应的。但同时，如果有海底捞的工作人员为顾客免单，但顾客其实是他的亲友，在被发现或举报的情况下，他马上就会被解雇。海底捞的服务是微笑面对顾客，但据说这也是要被监督的。如果对顾客不微笑，也会被处罚，所以海底捞的管理也有法家的一面。

其实中国的传统政治，在秦专行法家之后，是儒法并用的。在这一点上，海底捞也体现了中国传统社会的这一智慧。虽然可能不能只靠儒家这些做法，但是从海底捞这个例子里我们可以看到，儒家对家庭的理解、对君臣相互关系的理解，看似理想，但确实可以在现实中，甚至是企业的管理里面，得到非常好的应用。我们应该继续发掘这些传统的思想，哪怕不是为国家去操心（所谓“地命海心”），即便管理一个企业，儒家的很多思想依然有生命力，值得我们（学者、政治家、企业家）继续去挖掘。

第五讲

孟子的心性学说

第一节
人性本善的论争

本书前面几章，集中于从政治哲学角度解读《孟子》。其核心是政治里的三个根本问题：第一，一个政治团体如何凝聚？第二，团体跟团体之间关系的原则？第三，一个团体内部，领导人选拔是如何完成的？它的合法性何在？在西周封建时代，这三个问题都有回答。但是春秋战国时代，封建制垮台以后，这三个问题被重新提了出来。先秦诸子都试图对这三个问题进行回答。本书以《孟子》为核心，重构孟子对这三个问题的回答。

这是从政治思想层面对《孟子》的解读和导读。当今主流对孔孟、儒家，甚至中国传统的研究，大多集中在道德或者心性的层面。但在战国时代，诸子绝大多数首要关心的是政治问题，而不是道德问题。他们也许会提出一些有关道德修养的说法，但是这些说法实际上是为了回应政治问题，政治问题是首要的，道德是一个导出的、次要的东西。但是现在主流对中国传统的理解，更多关注的是它的道德问题，而政治只是一个导出的东西，有了内圣才有外王。这样的理解，像我在第一章里提到的，是对先秦的误解和曲解。但不管怎样，孟子的心性学说依然是其思想的重要部分。因此，在本书的最后一章，我会对他有关人性的讨论，做一些初步的解释与导读。

大家可能听说过，孟子持性善的观点。在这里，首先要说明，经常有人会说，儒家甚至中国传统文化是性善观，并进而论证，这是中国传统没有权力制衡观念的原因。这是彻底的谬论。先秦诸子中，比如法家和墨家，并没有性善的观念。哪怕是在先秦儒家内部，荀子很明确地讲过性恶。有些人说荀子讲的其实不是性恶，但至少他讲的不是性善。孔子也从来没有讲过人性是善的。在先秦重要的三位儒家里，只有孟子讲性善。孟子在唐宋及之后地位被提高，性善论确实变成了宋明理学的主流观念。但是至少在先秦，性善论哪怕是在儒家里也不是大家都接受的观念。

孟子对人性的很多讨论集中在《孟子·告子上》。告子是孟子的对话对象，而告子是反对性善说的。在这一篇的其中一段，告子先给了一个“性”的定义，说“生之谓性”，本性就是天生就有的东西。对此，孟子做了澄清。比如说“白”这种性质，是不是白羽毛的白、白雪的白、白玉的白，都是同一个白？告子说：对，都是同一个。我想，孟子这里想说的是，性或本性，可以为不同事物所共同具有。他接着又问：牛、犬的性跟人的性是不是一回事？他这里的用意可能是问人跟禽兽有没有本性上的差别。孟子自己心中的回答是有的，人性是善的，禽兽是没有善性的。

告子是不接受性善论的。在不接受性善论的人里，有以下不同观点。第一种，根本否定人有共同的本性。在《孟子·告子上》的第六段里，公都子转述了告子与其他人的一些观点。其中一个观点认为，“有性善，有性不善”，即人性有本善的，有本不善的，也就是说，人和人之间并没有共通的善或者恶的本性。持这种观点的人给出了一个论证：“是故以尧为君而有象；以瞽瞍为父而有舜；以纣为兄之子，且以为君，而有微子启、王子比干。”在尧这样儒家理想的圣王为君主的时代，依然会有象这样的坏人。我们前面讲过，象是舜同父异母的弟弟，试图谋害舜，是公认的很坏的人。舜的父亲是瞽瞍，我们也已经知道，他也很糊涂、很坏，但舜却成了儒家所推崇的一个典范。暴君纣做君主的时候，他的臣子和亲戚微子启、王子比干却是非常好的人。也就是说，人天生就会有特定的倾向，不受环境的影响。但同时，人天生的倾向又是不一样的。用现在的话说，这种说法有点像基因决定论，并且人的基因，天生就多元，各有不同。中国的俗话也说，三岁看小，七岁看老。这是第一种说法，不用说性善，连共同本性都否定了。

第二种拒绝性善论的说法认为，人和人之间即使有共性的话，这个共性也不是善的。因此，人要变成善的这种状态，需要外来的强力改变。在《孟子 · 告子上》的第一段里，告子讲，人的本性就像木材，要想让人有仁义的“义”的话，就像让木材变成杯子一样，需要外来的强力。这是另外一种反驳性善论的观点。

还有一种稍微温和的观点认为，先天意义上的人性是谈不上什么善或者恶的。我们可以说人的本性是朴素的，善与不善需要一定的引导，但不需要强力改变。在《孟子 · 告子上》的第二段里，告子说，“性”就像水一样，你在东边开个口子它就往东流，在西边开个口子它就往西流。有个引导的问题，谈不上什么本性的善恶。

在《孟子 · 告子上》的第六段里，公都子讲到，告子认为“性”是“无善无不善”的。他紧接着指出，也有人认为，“性可以为善，可以为不善”，为善与否受环境的影响。这种观点回避了人有没有共同本性，这一本性到底是什么的问题，但强调人行为的好坏是受环境的影响的。持这种观点的人论证说：“文武兴，则民好善；幽厉兴，则民好暴。”周文王、周武王这样理想的君主管理天下的时候，人民就喜欢做好事情。但是周幽王、周厉王这样坏的领袖出来的时候，人民就容易成为暴民。所以人的本性，是可以被环境改变的，可以是善的，可以是不善的。本性如何，没有什么意义。

对这样几种观点，孟子要给出他的回应。首先他要论证，人是有共性的。凭什么说人是有共性的？在《孟子·告子上》第七段里，他以“麰麦”（大麦）为例。他说，你看在环境好、基本的条件满足的情况下，大麦长出来都是挺像的。由此可见，大麦之间是有共性的。他的一般结论是：“故凡同类者，举相似也。”凡是同类的东西，应该是大体相同的、有共性的。这是他给的一个例证。

在另一个例子里，他引了另一个人的话。这个人说，我即使不知道你的脚有多大，我去做鞋的话，即使可能这鞋做的大小不合适，但是我绝对不会做出一个筐子出来（“不知足而为屦，我知其不为蒉也”）。为什么？因为鞋子都是为人的脚做的，有共同的本性。

接着孟子又举了一个例子。他指出，人和人虽然不一样，但是我们都会觉得，易牙（当时很著名的厨师）做的东西好吃，师旷（当时很著名的乐师）的音乐好听，子都（当时很著名的美男子）长得好看。如果在这些方面我们都有可以共享的，我们为什么会否认人心之间有共通的东西呢？他的结论是：“圣人，与我同类者。”圣人跟我是同类的，我们的人心是一样的。

对他的论证，在当代的环境下，我们可能会有疑问。有人会说，比如音乐，也许当时的生活比较简单，人们会有共同爱好的音乐。但是我们现在看，有的人喜欢的音乐，在另外的人的耳朵里就是噪声。不过，虽然我们可能现在对音乐的欣赏会有很大的差别，但是音乐是所有人生活中的一个重要部分。也许孟子的论证有它过时的地方，但是我们可以为他的论证做出补充和修正。

在论证了人都有共性的基础上，他下面论证的是，人不但有共性，并且这种共性还是善的。前面告子展示人的共性不是善的时候，他用的例子是，人性就像木材一样，善就像把木材制成一个杯子。制成杯子的话，我们必须逆着木材天生的性，才能做到。孟子对此的回应说，你这样就相当于说，必须伤害人的本性才能成就仁义。他愤怒地指出："率天下之人而祸仁义者，必子之言夫！"你这样的说法，是鼓励、率领天下人去祸害仁义。当然，这并不是很好、很直接的一个反驳。孟子只是说，告子这种说法很危险，但并没有说告子这种说法是错的。有时候，真理可以是很危险的。

前面提到，告子还有一个弱一点的说法，即人性为善与否，不一定非要强制，但需要引导，像水向东还是向西流，看如何引导。孟子对此的回应是，性善相当于水要往下流。往东流还是往西流的水有共通的地方，它都是往下流的。

不过，他只是利用告子的例子去展示，这些例子可以被用来支持性善的说法，但孟子并没有正面论证，这不同的可能性（人的善性）是必然的。孟子并没有给出性善的充分论证。但是，性善与否，我们真的有什么办法在逻辑上去证明吗？可能对人性的根本的观察，是无法在逻辑上证明的。如果无法在逻辑上证明，只好用比喻，或者用修辞的办法去说服别人。

但这里我们要注意，修辞本身并不是跟理性相对的，它可以是理性的一个补充。虽然孟子给出的这些比喻，不能真的充分证明他想证明的观点，但这些修辞上的做法，至少让我们意识到，他要批评的观点是有问题的，另外的可能图景是存在的。告子说，性善就像水向东流、向西流一样，是可以改变的。但是用同样的比喻，孟子就会说，性善像水往下流一样，是共同的。他给了我们水流比喻的一个新的图景。虽然他不能证明这个新的图景是对的，但至少可以向我们展示，他要反驳的那个图景，并不是唯一的。从这个意义上讲，虽然孟子给出的不是一个逻辑上很充分的论证，但这些论述还是有其意义的。

在《孟子·告子上》第六段里面，孟子说人做不善的事情，并不是他本性所致。人有恻隐、羞恶、恭敬、是非这四心，这四心就是“仁、义、礼、智”四德。不过，在《孟子·公孙丑上》第六段里，孟子讲的是恻隐、羞恶、辞让、是非这四心。这里的一个不同是他用辞让代替了恭敬。更重要的是，他这里不是说这四心就是仁、义、礼、智四德，而是说它们是仁、义、礼、智的“端”。在这一段里，我们前面已经详细讨论过，他通过孺子落井的假想例子，展示了恻隐之心是每个人都有的。这是人性本善的一个直接和正面的论证。

即使我们接受孟子人性本善的论证，下面的一个问题是，为什么有的人没有变成好人、有德行的人呢？在

《孟子·离娄下》里，他又提到了大人与小人。他们的差别在什么地方？孟子的回应是，“大人者不失其赤子之心者也”。“赤子”是婴儿的意思，孟子是在说，大人只不过是没有丢掉他刚生下来的时候的那颗每个人都有的善心而已。

很有意思，《老子》第二十八章里也有“复归于婴儿”的说法，也要回到赤子之心的状态。但是对老子来讲，赤子之心是无善无恶的，是朴实的。对孟子来讲，赤子之心是性善的，是有恻隐的。其实我们唯一要做的，就是恢复自己的赤子之心。

西方的思想家柏拉图在他著作的对话里，有一个著名的说法，叫“回忆说”。我们的知识并不是我们创造出来的，只是把我们以前本来就有的知识回忆了起来。柏拉图“回忆说”回忆的是知识，而孟子可谓一种道德意义上的“回忆说”。我们每个人生来都有道德，我们要做的是把它回想起来，把遗忘的东西、丢失的东西重新捡回来。

在《孟子·告子上》里，他进一步发展了这种把丢的东西捡回来的说法。我们每个人的本性都是善的，之所以有的人在现实中是好人，有的人在现实中是道德败坏的，就看他能不能把这个心保持住，如果不小心放在一边了，他能不能把它找回来。在《孟子·告子上》的第十一段里，孟子给了一个很好的比喻。他说，你看我们丢只鸡、丢只狗的话，都知道去找。结果自己的心丢了，自己的善心丢了，反而不知道去找（“人有鸡犬放，则知求之；有放心而不知求”）。这是件多么糟糕、多么愚蠢的事情啊！

在下面一段话里，孟子给出了另一个比喻。他说，如果一个人的无名指不能伸展的话，即使他不痛，也想去治好。他觉得自己这个指头跟别人的不一样，比别人差一点。哪怕到楚国、秦国，他也不觉得远，也还是要把无名指给治好。但是如果我们的心性不如别人，却不知道好好把它修正（“指不若人，则知恶之；心不若人，则不知恶”）。这不是很糊涂吗？！

当然在找的过程中，我们要有一种坚持不懈的态度。在《孟子·告子上》里，他说，仁是肯定能战胜不仁的，就像水可以灭火一样（“仁之胜不仁也，犹水胜火”）。但是现在这些为仁的人，就像一车的木材着了火，他们想用一杯水灭掉一样（“犹以一杯水救一车薪之火也”）——“杯水车薪”这个成语就是从这里来的。用一杯水当然是灭不掉火的，因此这些人就说水不能胜火，仁不能战胜不仁，于是干脆放弃为仁的努力，把自己残存的仁也放弃了。孟子这里展示了这种想法的错误、荒唐、不负责任。他认为，追求道德的努力，肯定是可以成功的。如果还没有成功，只是你的努力还不够。在这些地方，孟子鼓励人要有信心，要坚持不懈，要把自己丢掉的人心与仁心重新找回来！

第二节
义内在还是外在

人性的善，是跟仁相关的。孟子同时也非常重视“义”这个观念。他觉得“仁”跟“义”是紧密联系的。孟子的仁更强调爱的一面，而义与羞恶相关，有恨的一面。在人类行动的动机里，有时候可能恨的动力要比爱的动力还要更大。

在对义的考察中，孟子要回答一个问题，义到底是内在于人的，还是外在的东西？如果它是内在的，就意味着我们可以去培养、控制、改变它。如果义是外在的，也许我们就不能控制它了。

在《孟子·告子上》第四段里，有关于这个问题的争论，孟子争论的对象，还是告子。告子首先讲：“食色，性也。”吃饭、对性的欲望，这是人的本性。顺便讲一句，有些人会说，孟子也讲，吃饭和性欲是人的本性。这是不对的。这里的“孟子”，一定要加个书名号。《孟子》这部书里面确实讲了“食色，性也”，但这并不是孟子本人的观点，而是告子的观点。孟子自己并没有明确提出过“食色，性也”这样的说法。

回到我们的主题，告子接着承认说，也许仁确实也是内在的一种本性。但是义不是内在的，而是外在的。为什么这么讲？如果一个人比我岁数大的话，我就尊敬他。尊敬不是我预先就有的，而是因为对方岁数大的结果（“彼长而我长之，非有长于我也”）。就像我说一个东西白，是因为这个东西白。总之，尊敬长者作为义的一种表现明显是外在的，不是内在的。

孟子回应说，“白”这种性质确实是外在的。白的人，白的马，我们都叫他/它是白的。这并不因为我们自己的偏好而改变，所以它是外在的。但是我们对岁数大的人尊敬，对岁数大的马并不尊敬。决定尊敬还是不尊敬，并不是外界决定的，而是我们自己决定的。如果是外界决定的话，就像白人跟白马我都会说它是白的，老人和老马我都要尊敬，但事实并非如此。我对人是尊敬的，对马是没有这种恭敬的。因此孟子说，义是由我来决定的，是内在的。

对此告子又给出了另外一个类比论证。他说如果谈到关爱的话，我对我的弟弟是关爱的，但是别人的弟弟，可能我并不关爱。就像你举的例子，对年长的人就尊敬，对年长的马不尊敬，因此义是内在的。类似的，我对我自己的弟弟是喜爱的，对别人的弟弟不喜爱，这说明仁是内在的，这一点我可以承认。但是，就尊重对方的年龄来讲，楚国人的长辈与我自己家人的长辈，我都是尊敬的。只要外人有共同的一个特征，就是比我岁数大的话，我就会尊敬。因此尊敬与否是由外界、外在对象的特征所决定的。

对此孟子给出了一个回答。他说，你看我喜欢吃秦国的烤肉，也喜欢吃我自己做的烤肉，但是你不能说，喜欢烤肉这件事是在烤肉之中的，而不是在我之中的。我是一个人，人之为人，就有喜欢吃烤肉的倾向。因此，虽然只要是烤肉，不管是哪儿的烤肉我都喜欢吃，但是你不能说，喜欢烤肉这件事是外在的，喜欢烤肉这件事是由我自己来决定的。类似的，楚国人和我自己的长辈，我都尊敬的话，你不能说义是外在的，而应该说义是内在的。

这里面有意思的一点是，告子一开始说“食色，性也”，最后孟子恰恰用了一个食的比喻。虽然不分是哪儿的食物，只要好吃你就喜欢吃，但这并不影响你认为食欲是人的本性。类似的，人不管是哪儿的人，只要年长的你就尊敬，那么尊敬人也应该是人的本性。

在这一篇的下一段里，还有对义到底是内在的还是外在的争论。不过这场争论不是发生在孟子与告子之间，而是在公都子和孟季子之间。公都子是站在孟子的立场上的，应该是孟子的一个弟子。公都子讲，你看我自己决定我要去尊敬什么人，所以义是内在的。孟季子讲，你看，如果一个乡里的邻居比我的哥哥大的话，我还是尊敬自己的哥哥，但是在敬酒的时候，会先去敬这位年长的邻居。因此，敬还是不敬是由外在的对象来决定的，以敬表达出来的义是外在的。

公都子对此无法回答，他回去就找孟子，希望老师能给出解答。孟子说，你看叔父和弟弟之间，你当然是敬自己的叔父。但是在祭祀的时候，如果弟弟代表了祭祀的对象（当时祭祀祖先，不是祭祀牌位这些东西，而是让一个人具体代表），我们就会敬弟弟。但是，这只是说弟弟在代表祖先，而我们敬的对象是一样的，都敬的是长辈，都是发自内心地对长辈的一种尊敬。所以义是内在的。

孟季子听说了这个回应，于是进一步回应说，你看不管代表祖先的是弟弟还是叔父，只要是长辈，我们就会去尊敬他，所以尊敬是外在的。其实孟季子的说法与前面告子讲的类似，逢年长的人就敬的话，就说明敬是外在的。

公都子的回答，其实跟孟子的回答一样，冬天喝热水，夏天喝凉水，难道能说喝什么样的水是由外界决定吗？虽然我们在冬天喝的水可能跟夏天喝的水温度不一样，但是我们都要喝水。这是由我们自己的倾向决定的，就像告子所说的，食、色是人的本性。对长辈的尊敬也是由我自己的倾向决定的，因此义是内在的，不是外在的。

义到底内在还是外在，这些论证比较绕，但这个讨论的意义很明显：义如果内在的话，就可以由我来控制，由我来培养。对孟子来讲，人可以培养道德，可以改变自我，是他道德哲学的一个关键出发点。

第三节

良知良能，大体小体，天爵人爵

从前两节我们看到，孟子试图论证仁义是内在的。如果仁义是内在的话，这就意味着我们唯一需要做的，就是好好培养自己本来就有的道德本性。在《孟子·尽心上》里，孟子说，人有良知、良能。“人之所不学而能者，其良能也；所不虑而知者，其良知也。”良能就是不学我就有的那种能力，良知就是我不用思虑就可以知道的。比如，小孩子就知道对自己的亲人要爱，长大一点就知道敬自己的兄长，这个就是人天生就有的良知与良能。

对良知与良能的培养，在《孟子·公孙丑上》里，他用了一个比喻，说这就像培养浩然之气。对良知、良能的培养，就像培养心中的一种气，或者是生命的一种活力一样。如果好好培养的话，它就可以“充塞于天地之间”。换句话说，我们前面讲过的，将你的恻隐之心好好去培养的话，就会达到民胞物与的状态，填满了整个天地。你需要做的事，就是不要把它忘了，要好好培养它。但同时也不要太急于求成，不要像那个愚蠢的宋国人那样，违背了事物自然发展规律，揠苗助长。

对孟子来讲，人把天生就有的良知、良能好好培养起来，就可以成圣成贤。在《孟子·尽心上》的第一段里，孟子说：“尽其心者，知其性也。知其性，则知天矣。”我们充分发展自己的本心，就会知道自己的本性；知道自己的本性，实际上就是知道老天给了我们什么。我们的本性跟天道实际上是合一的。如果是这样的话，我们存心养性，实际上就是在服侍天。“夭寿不贰，修身以俟之，所以立命也。”人不管活得长，活得短，都要去修身，然后去“俟天命”。

孔孟都觉得天有一种道德性，都对天有一定的信任。尤其是孔子，有一种谦卑，不认为我们能完全理解老天运作的规律。我们人能做的事，就是好好做好我们自己该做的事情。谋事在人，成事在天。我们就是尽人事，俟天命。不要为老天和命运管理的那些事情去担忧，那超出了我们人的范围。我们人能做的就是好好地把自己本有的良知、良能，本有的道德心发展起来。尽自己所能，然后以从容的态度面对这个世界。

在知道人类的局限的前提下，孟子是乐观的。在《孟子·尽心上》的另一段里，孟子说："万物皆备于我。"所有的东西我这儿都有了，我只需要回到自身去发展我的道德。这样对个人发展道德充分性的一种信心，是孟子心性哲学的很重要的特征。只要我努力，就可以成为一个有道德的人。哪怕环境再差，哪怕各种条件再不顺，我都可以成为一个有道德的人。孟子的话是非常鼓舞人心的，因为我们本有善心，我们不需要任何外界条件，只要我们下定决心，坚持不懈，就可以达到善的状态。

这样的想法，他又用另外一个概念来做出阐释，即"大体"与"小体"。在《孟子·告子上》的第十段里，他讲了一段话，就是所谓的我想吃熊掌也想吃鱼，鱼与熊掌不能同时吃的情况下，我舍鱼取熊掌，取我更想要的东西。活命是我想要的，遵从道德也是我想要的。当这两者有冲突的时候，人应该去放弃自己的生命，拥抱、坚持自己的道义。

孟子进一步给出了一个非常好的"思想实验"来说明这一点。哪怕是一个就差这口饭才能活下去的人，你给他饭吃的时候，对他呼来喝去，在饭上踩一脚，没有基本的尊敬，让他觉得吃你这口饭不义，违反了自己的基本的羞恶之心，就算这口饭能救命，他也不会吃的。

孟子接着说，在生死面前，如果对方不尊重你，对方违反了你的基本道德，你都不吃这口饭的话，有些人，为了钱，为了官，去放弃自己的道德，这难道不是糊涂吗？

他这里给出的例子，看似很有说服力。我讲这一段的时候经常问学生，你们想想，如果你饿得快要死的时候，我把一个馒头扔给你，但是在扔之前，先吐一口唾沫，再踩上几脚，然后使劲甩给你，说你这只癞皮狗，来吃啊！你们会接受吗？很不幸的是，并不是我所有的学生，都给出了孟子（和我）希望他们给的回答。我教过的比较聪明的学生，往往说，那要看我有多饿了。

对此，孟子有一个很简单的回答，这些人的良心被遮蔽起来了。当然这个回答是不是能说服人，要由读者自己来判断。不管怎样，对孟子来讲，身体、物质利益是所谓的小体，道德是所谓的大体。在《孟子·告子上》第十五段里，他明确讲了，你跟随你的大体、你的道德、你的良知良能、你的浩然之气，你就是大人；你跟随自己的小体、你的身体与物质利益，你就是小人（“从其大体为大人，从其小体为小人”）。所以大人、小人只是跟随你的大体跟小体的差别。人要先把自己的道德立起来（“先立乎其大者”）。

对前面讲的我的聪明学生的回答，嗟来之食我吃不吃，要看我有多饿，孟子会说，他这么想，是因为他的大体没有立起来，所以他的小体就变成了指挥他行动的根据，他才会宁可不要尊严也要存活。好死不如赖活着这样一种说法，这是大体没有立起来的一种表现。

另外一个相关的差别，就是所谓的“天爵”与“人爵”。在《孟子·告子上》的第十六段里，孟子讲：“仁义忠信，乐善不倦，此天爵也。公卿大夫，此人爵也。”我们看到，对孟子来讲，道德的培养，完全由个人来决定。所以我们只要自己不知疲倦地努力去修习仁义忠信，去喜爱善行，那么我们就会获得老天给的爵位。但公卿大夫的职位是君主给的，由很多我们不可控的外界因素决定，因此我们并不能保证都能得到人爵。

孟子接着讲，古代的人，他修天爵，人爵就跟着来了（“古之人修其天爵，而人爵从之”）。好好培养自己的道德，有了自己的道德以后，通过自己的道德感召，获得一个跟自己道德匹配的官位。但是很不幸，他说现在的人装扮得有道德，是为了获得人爵。他得到人爵以后，天爵就放弃了（“今之人修其天爵，以要人爵；既得人爵，而弃其天爵”）。

这是天爵跟人爵的一个差别，这样的说法，《论语·宪问》里孔子也说过："古之学者为己，今之学者为人。"孔孟口中的古代，代表着好的时代。好的时代学者学东西是为了自己，提高自己的道德水平。而现在的学者是为了获得名声，讨到人爵。在这一点上，孔孟是一致的。

为什么我们要在乎天爵，而不要在乎人爵？在这一篇下面的一段话里，孟子给出了一个说法。每个人都想要富贵，都想要爵位、官位。但是，人爵是别人给的。既然是别人给的，别人就可以拿走。人爵是我们无法控制的。但是天爵在于道德培养，是我们可以控制的。如果明白这一点的话，我们应该在乎自己的天爵。

我们能做到的，尽量去做，运气的事情就留给运气。得到天爵的话，我们就得到了一种永恒的认可。得到这种天爵，从某种意义上来讲，就跟天道合一了。虽然儒家没有长生不老的观念，但是通过与道合一，通过实现以道为基础的道德，我们就变成了永恒事物的一分子，我们也因此获得了某种永恒。对孟子这样的儒家来讲，我们没有小体的长生不老，但我们可以有大体的长生不老。

除了仁与义，孟子还经常提到两种重要的道德，就是礼与智。就智来看，孟子好像对有些智者、有些聪明的人并不太满意。为什么不满意？在《孟子·离娄下》里，他指出，他讨厌智者经常穿凿附会，睁眼说瞎话（“所恶于智者，为其凿也”）。但是如果智者像大禹去引导水一样因势利导的话，他觉得这样的智者是值得尊重的，他讨厌的是强词夺理、肆意编造的智者。

因此，真正的智，在于理解事物的本然，我们就要理解人性本善。理解了这一点，面对再复杂的事物，我们都有了主心骨，都有了导航的方向，这才是真正智的表现。所以智也跟这种性善是联系到一起的。他做了一个比喻，“天之高也，星辰之远也，苟求其故，千岁之日至，可坐而致也”。只要你知道根本，千年以后，冬至是哪一天都可以算出来。这跟《老子》第四十七章讲的“不出户，知天下”，也有一种表面的呼应。

另外还有一种经常被推崇的道德，就是信，就是说话要守信用。但是就孟子来讲，守信用并不是一种最高的价值，所以在《孟子·离娄下》第十一段里他讲：“大人者，言不必信，行不必果。”说话算话，行动有结果，这些不是最高的要求。什么是最高的要求？“惟义所在”，即遵从仁义的要求，这是最重要的事情。

这是我对孟子心性学说的一个基本介绍。我们看到，仁心普遍，是这套学说的核心。同时，因为努力不同，又有大人与小人之别。这样的基本观点，也是孟子回应战国时的迫切的政治问题的核心。后者也是我们前面几章所集中讨论的。

这本书，只是作为《孟子》的导读，讲得不是很深，也不一定都对。我希望，读者读了之后，至少能觉得，《孟子》被当作中国思想的经典，有它的道理，因为它确实充满了微言大义。并且这些微言大义，与我们当下的政治与伦理生活，依然很有关联。哪怕最终读者会把这本导读放到一边——我希望读者会这么做，只要你们能去寻找被中国人自己放下很久的传统，从中寻找现代生活的指南，那么我写这本小书的目的，也就达到了。